塚本堅一

僕が違法薬物で逮捕されNHKをクビになった話

KKベストセラーズ

僕が違法薬物で逮捕され
ＮＨＫをクビになった話

まえがき

ＮＨＫアナウンサーとして、夕方のニュース番組のリポーターをしていました。でも、3年前に違法薬物の所持・製造の罪で逮捕されました。

最近、こんな自己紹介をしても、だいたいの人が「そんなことあったっけ?」という反応です。

覚えていない人の方が圧倒的に多いかもしれません。私は、13年間ＮＨＫでアナウンサーをしていましたが、そのほとんどが地方局の勤務だったので、知名度はゼロ。それでも事件当初は、渋谷のＮＨＫの中に麻薬取締官が捜査に立ち入ったり、国会でＮＨＫの会長が追及を受けたりして、結構なニュースになったものでした。

その大騒動を引き起こした、諸悪の根源が私です。

東京湾岸警察署におよそ30日間勾留され、麻薬取締官から取り調べを受けました。最終的に、罰金50万円の略式判決を受けて事件は終わります。もちろんＮＨＫは解雇されました。気持ちを入れ替えて次の仕事を探したものの、当然うまくいきません。人と話したくない、電車に乗れない、店に入れない、外に出られないと、段々日常生活の中で出来ないことが増えていきます。

そうしてうつになったのは、自業自得で自然の流れだったのかもしれません。自分で招いた困難は、自分で解決すると頑張ったものの、ダメだったのです。

ようやく繋がることができた精神科で、驚くべき治療法が提示されます。依存症の回復施設に入ることを勧められたのです。私自身は依存症ではないのに、依存症の施設に入る……。不安は山ほどありましたが、どこか潜入取材のような気持ちで、依存症の回復施設の門を叩きます。

そもそも、なぜ私がドラッグなんかに手を出したのか。ありふれた理由かもしれませんが、ストレスとうまく付き合うことができませんでした。一日の終わりに、ストレスを和らげるためご褒美スイーツをコンビニで買う感覚で、怪しいサイトからドラッグを購入したのです。

ＮＨＫのアナウンサーというと、「いい仕事をしている」と人は羨《うらや》むかもしれませんが、私は新人の頃から劣等感の塊でした。今日も出来ないことが多かった。もっといい仕事をするアナウンサーは大勢いるのに、なぜ私はここにいるのか。どこまでいっても自分に自信が持てない。それを隠して生活していたのです。

もちろん、会社の仲間だけでなく、友人も大勢いました。でも、その人たちに自分の弱みを見せるのが怖くて、全く出来ませんでした。大げさではなく、絶対に無理でした。新人アナウンサーの頃は、叱られたり失敗したりすることで、「やっぱり自分はダメなやつだ」とバランスのようなものを取っていたものです。それが、アナウンサーとして経験を積むようになって、徐々に大きな失敗もしなくなりました。そこそこ、なんでも出来るやつ。これが、とても厄介でした。社会人として成長するのは当然のことだし、今更何をいっているのかという気もするのですが、釈放された後、先輩たちから久しぶりに叱られて、新人時代のダメな自分を思い出し、ホッとした気持ちがあったほどです。

遅かれ早かれ、どこかで崩れていたかもしれませんが、その前に私はドラッグでつまずいてしまいました。

ひとたび薬物事件を起こすと、どうなるのでしょうか。まず、信用も仕事も失います。持ち家も手放しました。仲の良かった友人もいなくなります。この辺までは、誰もが想像する一般的な転落人生かもしれません。では、薬物事件を起こした人が、どうやって人生を立て直していくのか。回復施設では、どうやって過ごすのか。あまり知らない人の方が多いのではないでしょうか。私もまだ道半ばではありますが、2年近くかけて、ようやくその過程を伝えることができるようになりました。

これまで、薬物事件というと怖い、自分には関係ないと、様々な理由をつけて避けてきた人もいるでしょう。

私自身も、薬物事件を起こした張本人にもかかわらず、以前はそう思っていました。そして、薬物に対して多くの偏見を持っていたのです。大勢の薬物依存症者と一緒に過ごしましたが、暴れるシャブ中なんて一人もいません。そういう偏見を持つ人たちにこそ、この本を読んでほしいと思います。

薬物の事件を起こす人は、一体どんな悪人なのかしら？　逮捕されたら、生活はどのように変わっていくの？　という興味本位から、この本を読む人もいるでしょう。あるいは、私と同じように薬物事件を起こした過去があったり、会社をクビになったりしたスネに傷持つ人たち。また身近な家族に、薬物の問題を抱えている人たちもいるかもしれません。

薬物の問題は、決して他人事ではない。薬物の問題をそこまで深く考えていなかった私が、図らずも足を踏み入れた依存症の世界は、どのようなものだったのか。それをお見せすることで、薬物の問題について考えるきっかけになってくれれば幸いです。

塚本堅一

目次

第1章 逮捕前日

混ぜて作った薬品が僕の人生を大きく変えた

何も知らずに温泉へ

山梨県の「勝沼ぶどう郷駅」に一人で降りたったのは、２０１６年の1月9日のことでした。

この日から4連休だった私は、前日に同僚のカメラマンから、一回分残った青春18切符を買い取っていたので、それを使って日帰り温泉を楽しもうとやってきたのです。

古い駅舎から外に出ると、すぐにブドウ畑が広がります。冬なので乾燥した葉の無い枝ばかりのブドウ畑を抜け、丘を上ると温泉がありました。よく晴れた日で、露天風呂からは甲府盆地と南アルプスを見渡すことができます。風呂に入ったあと、同じ施設内にあるレストランで遅い昼食をとり、地下のワイン貯蔵庫でワインの試飲をしてすっかりほろ酔いになりました。勝沼の一人旅を十分満喫した私は、のんびり二時間半かけて各駅停車で東京に戻ります。

帰りの電車内で、アナウンサーの先輩からメールが来ているのに気がつきました。

この年の正月、私は念願だった歌舞伎の初芝居の舞台中継を担当したのですが、私の役目は、渋谷のスタジオ内パートで、解説者の方に演目についてお話を伺うことでした。実は歌舞伎の舞台中継というのは、学生時代から古典芸能を学んでいた私にとってＮＨＫのアナウンサーを志したきっかけの番組です。足掛け13年でようやく摑んだ夢の番組でもありました。

その番組を見た先輩が、感想やアドバイスをメールで送ってくれたのです。番組の中で残り時間に焦るあまり、解説者の会話を下手にまとめようとした自分の反省や、今後の課題などを書いたあと「来年同じ番組をやれるとしたら、次はもっと上手にやれるよう頑張ります」と書いて、中央線の車内から返信しました。

家に帰る頃には、すっかり日が暮れています。翌日以降も休みだったので、豚汁でも作って休みの間じゅう食べようと、食材を買って部屋に戻りました。鍋いっぱいの豚汁を作り、夜は大阪に住む知り合いと電話で長話をして、日付がかわる頃に眠りにつきます。

あるスポーツ新聞によると、この日の夜の私は、新宿２丁目で謎の大暴れをしていたそうです。それを偶然目にした、麻薬取締官が薬物使用を疑って尾行し、翌朝私の自宅に踏み込んで逮捕する。本当のところは、ただの独身サラリーマンのほのぼの休日でした。とはいえ、翌朝に麻薬取締官が家宅捜索にやってきて、逮捕されたことは正確です。ほのぼの休日と全く関連がないように思える「麻薬取締官」や「逮捕」というワードが、この翌日から人ごとではなくなりました。

ずっとマークされていた

私は、指定薬物である亜硝酸イソブチルが含まれた液体を持っていた罪で逮捕されました。

亜硝酸イソブチルは、「ラッシュ」と呼ばれる危険ドラッグに含まれているものです。1990年代からアダルトショップなどで、セックスドラッグとして販売されていました。アロマオイルと同じような大きさの小瓶に入った液体で、マジックインキのような揮発性の匂いがします。その匂いを嗅いでしばらくすると、心臓がバクバクし始め、強いアルコールを飲んだ時のようにトロンとした軽い酩酊状態になる。持続時間は短くほんの数分です。効果がなくなった時点で再び嗅ぐ。セックスドラッグなので、果てれば終わります。俗に言う賢者タイムの間に、効き目はなくなるものでした。

特に男性同性愛者の間で流行していましたが、男女問わず愛好者はいて、それなりに使われていたそうです。

私自身のセクシャリティはゲイで、学生時代からラッシュはよく使っていたものです。主な販売場所は、アダルトショップと言われていますが、街中にある本屋や雑貨店などでも１０００円くらいで売られているほど流通していたため、当時はドラッグとしての認識すらありませんでした。

ところが２００６年頃から販売の規制が始まり、２０１４年には、所持や使用が禁止されてしまいます。

規制に至った理由は諸説あって、他のドラッグへの入り口（ゲートウェイドラッグ）になるとして取り締まった、販売元を押さえたかったなど様々ありますが、当時社会問題になっていた「危険ドラッグ」を取り締まるため、ラッシュもまとめて包括指定したというのが、大きな理由として考えられています。

私にとっては、あればちょっと楽しめるご褒美みたいなものでしたが、手に入らなくても、特に困るほどのものではありませんでした。そんな中、「懐かしいラッシュに似た効果を出せる液体を作り出すことに成功した！」というサイトを偶然見かけます。興味本位でサイトを見てみると、使っている材料は全部合法だといいます。希望する人には、作るための製造キットを分けてくれるとも書いてありました。当時の私は沖縄局に勤務していて、付き合っていたパートナーと一緒に住んでいたのですが、作り方を見ると「冷蔵庫で一晩寝かす」など、ちょっと面倒くさい工程があります。そもそも、謎の液体を冷蔵庫に入れていたら、パートナーに絶対怪しまれるでしょう。「一人用」で使いたかった私は、購入することなく、そのうちサイトの存在自体も忘れていました。

それから半年ほど経つと、私は東京に転勤することになります。

京都→金沢→沖縄と十年以上の地方局勤務を経て、目標の一つだった東京アナウンス室の勤務です。担当は、新しく始まったニュース番組のリポーターでした。憧れていた東京勤務は思うようにできないことが多く、毎日自分の実力不足を痛感していました。日常のストレスから薬に手を出したのか？　というストーリーを作るのは簡単かもしれませんが、ストレスはそれなりにあったものの、先輩や同僚にも恵まれ、それなりに楽しくやっていたのも事実です。

ところが、夏が終わる頃に、偶然例のサイトに出会ってしまいました。自分で探したわけでもないのですが、前回サイトを見た時とは環境が変わっていて、今は一人暮らしです。ちょっと買ってみようかな。心の隙間に入るとは、こういうことかもしれません。

メールで問い合わせをすると、海外経由でキットを送りますとすぐに返事がありました。振込先は日本の口座で、料金は３０００円くらい。当時、闇でラッシュを手に入れるとすると１本１万円くらいすると聞いたことがあったので、それに比べると破格です。まぁこの価格だし、合法だって書いてある。ちょっとくらいは、本物の感覚が楽しめるかな？違法なものだったらサイトまで作って販売しないでしょう。私は軽い気持ちでした。

海外から送るとありましたが、なぜかレターパックで製造キットが送られてきます。粉状のものが２種類と、プラスチック容器に入ったアルコールっぽい液体が一本同封されています。

簡単にいうと、ＡとＢを混ぜ合わせ、一晩冷蔵庫で寝かせる。それにＣと精製水を混ぜると、黄色い透明な上澄が出て来るのです。それが「ラッシュ」に近い何かでした。特に自分で計量するでもなく、言われた通りに混ぜるだけという簡単さ。サイトを参考に作ってみました。効果としては、まぁラッシュに近いような遠いような感じです。点数をつけるとしたら60―70点くらいのものだったと覚えています。ギリギリ合格点。人によっては、満足いかないかもしれません。それから時間をあけて2、3度買ったものの、ほとんど効果がない時もありました。とはいえ、値段も安いし、合法なものであれば、たまの楽しみに良いのではないか。

後から聞くと、私が逮捕される半年前からすでにこのサイトは捜査機関に目をつけられていたそうです。

私は本名で購入していたため、捜査する中でサイトの購入者にどうやらＮＨＫのアナウンサーがいると判明したといいます。

最後に注文した製造キットが届いたのは、逮捕の数日前です。出来上がったのが金曜の夜くらいで、一度使用しました。そして残っていたのが、５・１㎖。小瓶で1本ちょっとです。この５・１㎖の液体が私の人生を大きく揺るがすものになります。

第2章

湾岸署勾留30日間

E捜査官から告げられた「あとみよそわか」という言葉

あのマトリがガサ入れに！

その日の朝がやってきました。

連休2日目でしたが特に予定がなく、今日は髪を切って白髪でも染めるかと美容室のweb予約をしていた時のことです。時間は朝9時過ぎでした。「ピンポン」と玄関のチャイムが鳴ります。当時住んでいた部屋は、かなり古い造りの物件で、インターホンはなく、訪問者が来ると扉越しに直接話すか扉を開けるかのどちらかでした。荷物が届く予定もなかったので、休日の朝早くに何だろうと不思議に思い、のぞき窓を確認すると、黒っぽいスーツを着た集団が、家の前に大勢集まっています。

のぞいたのは一瞬でしたが、見覚えはありません。「どちらさまですか？」と扉越しに尋ねると、「役所の者です」という答えが返ってきます。「何の用です？」と何度か尋ねても「役所の者」と繰り返すだけです。役所の人が朝早くから何の用か。そもそも役所の人というのは本当なのだろうか。

もしかして、誰かのいたずらかもしれない。この時点で少しだけ怖くなりましたが、まさか麻薬取締官が家の前に来て押し問答をしているとは、夢にも思っていませんでした。埒があかないので、意を決して玄関の扉を開けると、15人ほどの集団が一気に部屋になだれ込んできます。ビデオカメラで撮影する者あり、無表情で部屋の中を物色する者あり、私はパニックの中、そのままリビングのソファまで押し流され座り込みました。私の両隣を塞ぐように捜査員が腰掛けます。「なんで来たかわかっているよな？　この家に怪しいものがあるだろう。それを素直に出して」。リーダー格の男性が私に尋ねました。怪しいものかどうかわからないけど、怪しいとしたら、ネットで買ったあのキットのことだろう。数日前に届いていた製造キットは、一回分を作り、出来上がった液体と一緒に菓子缶の中に入れています。私はキッチンの棚の方を指さし「そこにある黄色い缶に入ってます」と伝えました。心臓はバクバクバクバクバクしていますが、できるだけ冷静に対応します。

パソコンや携帯電話、手帳など次々と押収されていくのを呆然と眺めていました。無意識に目の前のテーブルにあったコーヒーを一口飲んだところ、捜査員全員が慌てて「勝手に飲むな！」と止めに入ります。私はこの時点で自由が制限されていることに、遅ればせながら気がついたのです。

「この液体は、どこで製造したのですか？」「この部屋の台所で作りました」「じゃあ、写真を撮ります。台所を指さしてください」「液体を冷やしていたのは、どこですか？」「この部屋の冷蔵庫です」「じゃあ、写真を撮ります。冷蔵庫を指さしてください」「冷蔵庫の棚のどの部分に入れたのか？」……と一つ一つ実に細かい状況説明と、写真撮影が行われました。一時間くらい経って、ようやく撮影や状況説明が終わったところで、任意同行が求められます。「外に車があるので、それに乗って一緒に行きましょう」。「わかりました。準備をするので少し待ってください」と同意しました。この時点でも、買った製造キットが実は怪しいもので、捜査に協力するくらいの気持ちでした。携帯は押収されたので、財布と鍵だけを持って、ダウンジャケットを羽織り外に出ます。帰宅が何時になるかわからないので、飼い猫のために少し多めに餌を入れました。まさか、この時から1ヶ月以上も部屋に帰れなくなるなんて、想像もしていなかったのです。

あの液体はクロだった

私の捜査を担当していたのは、厚生労働省関東厚生局麻薬取締部。通称マトリと呼ばれる厚生労働省の機関の一つです。九段下にある庁舎に車で連れて行かれ、そのまま取調室に入りました。

昼過ぎだったので、取調官が昼飯用のパンなどを差し入れてくれましたが、食欲なんてありません。どこから買ったものか、いつ到着したのか、効き目はどうなのか。私が話したことを取調官が調書にまとめていきます。そしてトイレに行くたびに、尿検査を求められました。尿はすり替え防止のため、放出するところまで見られます。ラッシュが尿に残って検出されるなんて絶対ないと思っていたので、全て提出しました。不快というより、こんな経験なかなかないだろうと、どこかまだ他人事のように思っていたほどです。

取り調べが一段落し、夜飯用のコンビニ弁当が差し入れられて、捜査員と雑談などをしながら過ごします。小さな窓から見える景色が、どんどん暗くなっていき、不安でした。しばらく経った頃、ドアの外が少し騒がしくなります。家宅捜索にきたリーダー格の捜査官が、逮捕状を持って部屋に入ってきました。

「押収した液体の中から、違法薬物である亜硝酸イソブチルが検出されました。医薬品、医療機器等の品質、有効性及び安全生の確保に関する法令違反の容疑で逮捕します」

私は慌てるとか、泣き崩れるといったことはなく、「あぁ」とひと声うなった後、ただ呆然としていました。

「今、留置場を探しているから、暫くここで待機してください」と言われ、取調室に残ります。「どうしよう……」。ようやく絞り出すように声が出ました。

薬物事件の捜査で捜査官に踏み込まれた時、これでようやく薬を止められるという理由から「ありがとうございます」と感謝を述べる人が少なくないそうです。私の場合、「ありがとう」とまではいかないのですが、あの液体は、違法なものだったのか。正体がわかってよかったという感情がありました。

マグショット（逮捕後に撮影される写真）と指紋をとられた頃から、ようやく「しっかりしなければ」と我に返ります。

「弁護士はどうします？　誰か知り合いはいますか？」と聞かれますが、あいにく名前が思いつきません。

こういう場合は、国選の弁護士ですかね？　と相談していると、ふと逮捕直前に見た番組で、フジテレビのアナウンサーだった菊間千乃さんが歌手の方と対談していたのを思い出しました。「あの、元フジテレビの菊間弁護士も呼べるんですか？」捜査官に尋ねると、「来るか来ないかはわからないけど、声はかけられますよ」と言います。これからマスコミ対応なども含めて大変だろうから、それも含めて引き受けてくれないかな。全くお会いしたこともなかった方に、今考えるとはなはだ迷惑な話で申し訳ないのですが、「駄目元ですけど、声をかけてください」とお願いしました。

暫くすると「湾岸署に決まりました。これから、移送します」と報告が入り、慌ただしくなってきます。いざ取調室を出るとなると、いよいよ逮捕された実感が湧いてきます。

手錠が出され、両腕にかけられました。手錠には逃走防止の縄がついていて、時代劇で聞く「神妙に縄《ばく》につけ」とは、まさにこのことでした。車に乗り込み、湾岸署に向かいます。後部座席の真ん中に座り、両脇を捜査官に挟まれ、まさに「逮捕された容疑者が車で移送される」状態です。湾岸署近くまできたとき、前方にワゴン車が停車していました。すでに夜遅く、22時をまわっていたのですが、後ろの荷台が開いた状態で何人かが作業をしています。私には、それがカメラの撮影クルーに見えてしまいました。マスコミに流れた！「あれ、カメラじゃないですか⁉　もう、報道は知ってるんですか？」とこの時初めてパニックを起こします。「まだ知られてないから大丈夫、大丈夫」と何度か捜査官に繰り返されているうちに、湾岸署に到着します。

車を降りる際に、捜査官の一人から「これから大変なことが続くと思いますが、どうか気を強く持ってください」と言葉をかけられました。でも私には言葉を返す力も残っていませんでした。曖昧な返事をして、署内に連れていかれます。まずは小部屋に入れられて、所持品の確認が行われました。お金は1円単位まで、財布の中のカード一枚一枚に到るまで、細かく所持品リストに記入していきます。その後、着ていた服が回収され、裸になって四つん這いになり身体検査が行われました。ヒモや伸びる類のものは、自殺の恐れがあるので一切持ち込み禁止です。下着（パンツ）は大丈夫でしたが、ヒートテックは駄目でした。留置場のグレーのスウェットを借ります。この時点ですでに23時をまわっていました。夜中なのに、留置場の中は薄明かりが付いていて、ただ静かな印象です。「申し訳ないけど、相部屋ですよ。今日はもう（興奮して）寝られないかもしれないけど、とりあえず横になった方がいい。起床は6時30分です」

布団部屋に案内され、自分用の敷布団と掛け布団を受け取り、指定された部屋に入ります。同部屋の人は、当然寝ていました。部屋はそれなりに広かったのですが、自分のほかには一人だけだったので、少し離れた場所に布団を敷いて、とりあえず横になります。朝イチのガサ入れから、いろいろなことがありすぎた一日がようやく終わる。当たり前ですが、全く眠ることができません。

横になったものの、考えることが多すぎて、めまいを起こしたように天井がぐるぐると回っています。今、この状況の中で自分ではどうすることもできませんが、考えずにはいられません。「逮捕されたということは、いつ知られるんだろう。局内は大騒ぎになるはず。番組にも迷惑がかかる。姉にはマトリから連絡が行くのだろうか……」

決して真っ暗にならない留置場の夜は、一睡もできないまま過ぎていきました。

勾留生活始まる

翌朝6時30分。起床の時間です。

一斉に部屋の灯かりがつけられました。同部屋の人は、サッと起きるとテキパキ布団を畳んでいます。挨拶もしてない状態だったので、見よう見まねで私も布団を畳み、布団部屋に運びました。前日の夜、部屋に入る前に石鹸、歯ブラシ、歯磨き粉、タオルなどの洗面用具を警察から購入していたので、それで身支度を整えます。

7時。朝ごはんの時間。30センチ×20センチくらいの幅の小窓から、プラスチックの容器に入ったご飯とおかずを、手際よく房の中に入れ込みます。前日もほとんど食べていなかったのに、お腹は全く空いていません。それでも、何か腹に入れないといけない。二、三口ご飯を口に入れましたが、あとは食べられませんでした。

朝食の後、ようやく同部屋の人に自己紹介をしました。事前に、看守さんから「あまり素性を知られるのはよくないと思う。どんなことをしたとか、名前とか、仕事なんかは、適当に嘘をついた方がいい」とアドバイスをもらっていたので、私も偽名を使いました。同部屋のF君は、私と同い年のベトナム人。

彼はトラックの運転手をしているそうで、「覚せい剤で3度目の逮捕。まだしばらく留置場にいると思うからよろしく」と話してくれました。私は「田中です。仕事はサラリーマン、薬物のことで捕まりました」と本当のことを混ぜて、自己紹介をしました。田中という名前は、なんとなく塚本より多いかなと思って出てきたもので、他意はありません。F君は、あまり日本語が得意ではないようで、それ以上話しかけてきませんでした。私も一人で悶々《もんもん》と考える世界に戻ります。

この日は、何も動きがありませんでした。弁護士もこなかったので、世間がどのような状態になっているのか、全くわからない。取り調べもなかったので、情報が入ってこない。気を紛らわせるために借りた留置場の本を一行読んでは止まり、また一行読んでは止まるという行為を繰り返していました。

マスコミが押し寄せた送検

翌日、ようやく湾岸署から検察庁のある霞ヶ関に、私の身柄が送られることになりました。いわゆる送検というやつです。大きな事件や有名人が逮捕されると、報道陣がこぞって集まり、逮捕者の様子をカメラにおさめます。ＮＨＫの現役アナウンサーが逮捕されたとなると、大勢集まることはさすがの私にも予想できました。私自身は有名人ではありませんが、組織や職業のことを考えるとインパクトは大きい。

この日は、10人ぐらいがそろって湾岸署から検察庁に向かいました。一本の縄を手錠に通され、ムカデ人間のようにつながります。「湾岸署は、報道陣が入れない地下で護送バスに乗せるから、手錠がかかった映像は撮られないよ」と看守の人が教えてくれましたが、そんなことは、もうどうでも良かった。みんなでゾロゾロとバスに乗り込みます。不謹慎かもしれませんが、地下駐車場からカメラが待ち構えているであろう地上に登っていく時、ジェットコースターがゆっくりと上に向かい急降下する感覚でした。
　地上に出ると、案の定無数のカメラがバスに向かってレンズを向けています。マスコミを振り切るまで、時間はほんの数十秒です。「無心で行こう」。この間、感情を捨てました。窓にへばりついて中の様子を撮ろうとする人もいました。護送バスの窓ガラスはスモーク加工がされているにもかかわらず、フラッシュの眩《まぶ》しさを感じるほどで、ほんの数日前まで撮る側にいた人物が、撮られる側になる。不思議な違和感がありました。車内に乗っていた他の容疑者たちも、突然のことに驚いたようです。「スゲー！」と声をあげる人もいて一瞬騒ぎになりましたが、すぐに、護送警官の「静かにしろ」の一喝で静かになります。何事もなかったように、バスは霞ヶ関の検察庁に到着しました。

　検察庁は、都内各地から送られてきた２００人近い容疑者が集められています。それを20人くらいごとに振り分け、鉄格子のある部屋に入れます。座る場所はそれぞれ指定され、教会の長椅子のような固い木製の椅子に腰掛けます。トイレは、部屋の奥の衝立の向こう側に一個あるだけ。もちろん会話は禁止です。よそ見をすると注意されるので、あまりジロジロ見ることができません。ここは、いろいろな人がいました。３割は見た感じ普通の人、2割はチンピラふう、あるいはもっと怖そうな人、外国人が2割、老人が2割、その他が1割、という内訳でした。つまり、ほとんどが普通っぽい人です。まぁ、私も同じように見られていたと思いますが、どんなことをしてここにきているのだろうなどと想像していました。

初めての検事の取り調べでは、製造キットを買って作ったこと、これまでの使用歴や効果のことなどを話しました。「私、高校時代まで理系だったんですけど、そもそもそんなに簡単につくれるものなんですか？」と検事から質問されましたが、「私は高校時代、化学で8点を取ったくらい理系が苦手なので、成分などはよくわかりません。買った製造キットを言われた通りに混ぜて冷やしただけです」。そんなやりとりを交わしました。ふと検事の持っていた筆箱に「鷽替《うそか》え神事」で配られる、有名な鷽人形の根付けがついているのを見つけました。「鷽替え神事」はこれまでの悪いことが「嘘」になって吉運を招くと言われているものです。この先の私に吉運なんて来るのだろうか。そんなことを思いながら、この日、検事部屋を後にしました。

菊間弁護士との接見

夕方、湾岸署に戻ります。夜になって、国選弁護人が初めてやってきました。良かった。これで、ようやく外部の様子がわかる。私より少し年上の男性弁護士は、ネットもテレビも私のことを報道していて、大騒ぎになっていることを教えてくれました。とりあえず、局の上司や唯一の家族である姉に状況を知らせたいので、連絡を取ってほしいと名前を伝えます。そして、どのサイトで買ったのか、私としては合法なものだと思っていたが、どうやら違法なものができていたということなどを話すと、「それは、無実だと思うということですか？　そう思うのなら、無実を通した方がいいです」とアドバイスをしてくれて、その日は帰っていきました。

それから30分も経たない間に、再び弁護士がきたと呼び出されます。私の友人と姉、沖縄のパートナーが揃って依頼した弁護士でした。ということは、３人はもう事件について知っているのか。弁護士のカバンから、「ＮＨＫアナウンサー２丁目で大暴れ」と書いてあるスポーツ新聞が入っているのが見えました。留置場の中にいると、テレビも新聞も自分で目にすることはないので、自分のことが書かれた新聞を見るのは初めてです。「これは本当ですか？」と聞いてきます。「いやいや、それは違いますよ」。私がどんなドラッグに手を出していたのかを説明しました。弁護士は続けて「塚本さんが購入したと言われるサイトも見ました。お姉さんは、あのサイトの書き方は騙《だま》されると言っていましたが、私はそれは無理があると思います」とはっきり言います。なるほど、これは人によって、全然見解が違うということか。これは、騙されたと立証するのは、かなり難しいことかもしれない。ここで初めて、認識が変わりました。

すでに家族と繋がっていることもあり、国選弁護人に代わって、この方に依頼することにします。

この日、もう一人弁護士がきました。

逮捕された日に、思いつきで依頼した菊間千乃弁護士です。元フジテレビのアナウンサーとして知られていますが、フジテレビを退職後に司法試験に合格して、弁護士として活躍しています。面会室の透明なボードで仕切られた壁の向こうには、テレビで見た人が座っていました。「菊間さん、初めまして。お騒がせしてすみません。思いつきでお願いしちゃったんです。本当にごめんなさい」「いやいや、普段、あまり知らない人だと断ることもあるけど、結構ニュースが大きくなってるから、心配だったんだよね。大丈夫？　眠れてる？」「いや、正直この二日寝てないです」「私、学生時代に渋谷のＮＨＫの中でアルバイトしていたから、局内に知っている人も多いよ。よかったら弁護するけど、どうする？」

自分で依頼したものの、直前に来てくれた弁護士さんの方が、家族と繋がっていて何かとやりとりも早いと思い、丁重にお断りしました。何かあったら改めて依頼する約束をします。「わかった。じゃあ、これから全然関係ない、おしゃべりをしよう！」と菊間さんが提案してくれました。まずは、初めての拘留だろうから、取り調べの中で自分が何を言ったのか、どんなことを言われたかなどを記入する「被疑者ノート」をつけた方がいいとアドバイスをしてくれます。

「これだけ騒ぎになってしまったので、ＮＨＫはクビになると思うんですよ。沖縄に戻って、仕事を探そうかな。仕事ありますかね？」「いいなぁ沖縄〜。パートナーもいるんなら、それはそれで楽しいんじゃない？」「そういえば、さっき弁護士さんが持ってたスポーツ新聞。やっぱり実際に見るとショックですね」「でもさぁ、東スポの一面に載ることなんて、人生の中でそうあるものじゃないよ！」菊間さんは、どんな会話でも明るく励ましてくれます。

考えることがいっぱいありすぎて、頭が破裂しそうな時期に、関係ないおしゃべりで過ごしたこの一時間は、その後１ヶ月にわたる勾留生活の救いになりました。「無事に終わったら、改めて連絡します！　飲みに行きましょう！」と留置場の面会室らしからぬ約束をし、名刺をもらいました。こんな見ず知らずの私にも、こうやって助けてくれる人はいるのだなと思えたことが、本当にありがたかったのです。

マトリの取り調べと再逮捕

次の日から、長い取り調べが始まります。

私を担当したのは、メガネで優しい雰囲気のE捜査官と、新卒で入ったばかりの若い女性捜査官の二人です。取調室に入ると、E捜査官が「〝あとみよそわか〟っていい言葉だよね」と突然告げました。これは、作家の幸田文が、父である幸田露伴から教わった言葉で、掃除などの家事を終えた最後に「あとみよそわか」と唱えながら、最終確認をしなさいと躾《しつ》けられたそうです。

私も、うっかりミスをすることが多い人生だったので、これを「座右の銘」にしていると、何年か前のアナウンサープロフィールに書いていました。この捜査官は、私のことを調べ尽くしてきているな。そう感じた瞬間でした。嘘をついたり、策を練ったりしないでいこうと決めたのも、この出会いだったからかもしれません。

取り調べでは最初から、全部隠さず話しました。この期に及んで、隠すものもありません。逮捕当時、私は容疑を一部否認していると報道されていましたが、否認というよりは「違法性があったかどうか、よくわからなかったものを作ってしまった」と供述していました。最初の頃は、マトリとしてはラッシュそのものを作るつもりだったと供述させたいようでした。確かに、効き目は昔使っていたラッシュに似ていましたが、そこまで効果が高かったかというとそうでもない。中には、全然効かないものもありました。「何パーセントくらいの割合で、偽物だと思いましたか?」という質問もありましたが、何パーセントなんて、割合で分かるわけがありません。グレーゾーンは、あくまでグレーです。でも、それでは通用するわけがない。結果として「これが違法なものかどうかわからなかったが、もしかしたら違法なものなのかもしれないというグレーゾーンの気持ちに蓋《ふた》をして購入した」という結論に至りました。

文字にすると、あっという間ですが、この結論に達するのに1ヶ月かかっています。調書に私の人生がかかっているわけですから、お互い真剣です。

これまでの人生で、ラッシュにどれくらいお金を払ったかなんて、到底わかるわけがない質問もありました。作った液体を入れていた瓶を、どこで購入したかと私が答えれば、捜査官たちが売り場にその確認に行く。どこの銀行から入金をしたと答えれば、銀行からATMの監視カメラの映像を取り寄せる。そうやって、一つ一つ答えていくと、これくらい時間がかかるのは当然かもしれません。

基本的に、E捜査官が取り調べをして調書に仕上げる。その間、私は若い捜査官と「塚本さん、これはしくじり先生に出るべきですよ！」「あのね、しくじり先生は、失敗した後ちゃんと成功するような人が出るから面白いの。私は、もうそんなことにはなりません」なんて雑談をしていました。

とはいえ、再逮捕は流石《さすが》の私もショックを受けます。前日に、「もしかして、製造の罪で再逮捕するかも……」とE捜査官から告げられました。私だけでなく弁護士も、再逮捕なんてあるはずがない！　と驚いたほどです。そもそもキットを買って作っていたことは、任意で取り調べられた時から正直に話していました。調書にもそのように書いていたのに、今更になって「製造」の容疑。

後から考えると、売った人を捕まえるため「製造」の罪が欲しかったのかもしれません。再逮捕後は、私の供述による製造実験なども行われました。「こんなに簡単にできるものだったのか……」と検事も驚いていたようです。私が釈放された数週間後、製造キットの販売人がようやく逮捕されました。

気が重い面会室

父は幼い頃に、母も私が社会人3年目の時に他界しました。なので家族は姉だけです。弁護士が決まったあと、姉が面会にやってきました。最初は、できればこんな姿を見せたくないと拒んだのですが、そうも言っていられません。局とのやりとりは、主に弁護士に任せていましたが、家のことなど伝達事項もあり、私が折れました。

弁護士とは違って、家族面会には看守さんが立ち会います。「休みで寝ていたら、友達からガンガン電話が鳴って、慌ててネットニュース見たらケンイチが逮捕されたのを知ったよ。最初は嘘かと思って、ラインを送ってみたけどやっぱり既読にならない。もう知らん！って寝直したら、それでもやっぱりいろんな人から連絡がきて、それはそれは大変でした。ま、生きててよかった。もう、心配かけないでください」。「本当に申し訳ない……」と私は謝ることしかできませんでした。

「聞きたいことをリストにしてきたので、時間もないからこっちを片付けよう」。家族面会は、時間が15〜20分と限られています。飼い猫は、姉と近所に住んでいる友人が面倒を見てくれているので無事だということ、大家さんにも謝罪の連絡を入れていること、沖縄のパートナーが心配して週末ごとに上京していることなど、報告事項を順番に済ませます。

「あのサイト見たけど、あれは騙されるね。まぁ、起きてしまったことは仕方ないよ。仕事のことは早まって結論を出さないで、よく考えて弁護士さんに相談しなさい」。あっという間に制限時間がきて、姉は帰っていきます。この日、姉から私を責める言葉は一つもありませんでした。もし、私が姉の立場になったとしたら、同じことをできるか。頭が上がりません。

取り調べと並行して、ＮＨＫ側の面談もありました。さすがに最初の面談は、気が重くて仕方がなかったのを覚えています。午前中は、いつも通り留置場内で取り調べを受け、午後にアナウンス室の管理職の二人と弁護士同伴のもと面会室で会いました。その前に、迷惑をかけた担当番組のスタッフ一同とアナウンス室の室長、アナウンス室の同僚に宛てた謝罪の手紙を書きました。これが届けられるかどうかもわかりませんでしたが、どうしてもお詫びの気持ちを伝えたかったのです。面会室に入ると、よく知る上司二人がいます。まずは、私の起こした事件で大迷惑をかけてしまったことをお詫びしました。「思ったより元気そうだな」と声をかけてもらい、局側からの事情聴取が行われます。責められるということが一切なく、粛々《しゅくしゅく》と事情聴取が行われているのは、逆に辛いものでした。本人から直接聞いたということが恐らく大事なポイントなのですが、面会時間は20分と限られているため、あまり細かく話すことはできません。合法なのかどうかわからない怪しいサイトで製造キットを買ったこと、疑いの気持ちも強かったが、公共放送のアナウンサーとしてあまりにも自覚が足りなかったと猛省していることなどを伝えます。「ドラッグを使いながら、放送に出たことはあるのか？」なんて質問もありましたが、ラッシュの作用について説明し、納得してもらいました。面会の最後に「塚本は、今後どうしたい？」と要望を聞かれます。

「刑が確定するまで、処分は待っていてほしい。アナウンサーではなく、別な職種で放送を支えたい」

ここで、初めて嘘をつきました。本当は、逮捕された時点で辞めるつもりでいたのです。不起訴であろうと何だろうと、この時点で解雇になるのは想像できていたし、好きだった職場をここまで混乱させた自分を許すことができませんでした。とはいえ、弁護士や姉たちは、過去の事例や就業規則を基に、いろいろな策を考え、留まることができるのであれば、そこからやり直せばいいと、助言してくれました。私だけでなく家族にも迷惑をかけているなか、その提案を無下にすることはできませんでした。でも、内部にいた人間の感覚として、国会でも私のことが追及されている状態で、それは絶対無理だろうと悟っていました。

とはいえ、ＮＨＫとの初めての面談は、マトリの取り調べがなかなか進まない中、一ミりでも先に進むことができた気がして、久しぶりにホッとしたものです。

留置場での暮らし

留置場での生活は、掃除もして清潔だし、こんなもんだと思えば全く問題ない場所でした。鉄格子と網で覆われた部屋は、広さが10畳くらい。最大5〜6人が収容されていました。壁は白色で、ベージュのカーペット敷き。奥に、洗面台とトイレがあります。トイレは洋式で、壁の半分が透明なアクリル板になっているため、便座に座った状態でも、看守のいる正面から誰が入っているのか見える工夫がされていました。最初に入った時に同室だったベトナム人のF君とは、10日くらい一緒に過ごしました。部屋にいる期間の長い人が基本的に部屋長です。部屋長のF君に、掃除の仕方や、食事のルール、トイレ用のちり紙《し》の貰い方など、留置場の決まりを教えてもらいます。彼は、日本語があまり得意ではなく寡黙でした。怖いとかそういう感情は一切なく、静かで穏やかな留置場生活がスタートしたのです。

朝は6時30分に起床。布団を畳み、鉄格子の外にある布団部屋に運びます。

そのまま、ロッカーから歯磨きセットを取り出し、部屋に戻って歯磨き。それから朝食です。

朝食が済んだら、8時に運動の時間が待っています。少し広めのベランダのような場所があり、囲いに覆われているものの、隙間から外の様子を見ることができます。一日の中で唯一外の空気が吸える、文字通り息抜きの場所。ここには、電動髭剃りと爪切りが置いてあり、髭を剃ったり爪を切ったり、他の部屋の人と話したりもできました。それ以降、何もなければ12時の昼ごはんまではフリー。夕食が17時で、21時に消灯。フリーと書きましたが、ほとんどの人は、その間に署内で取り調べを受けたり、検察調べのため、集団で護送バスに乗せられて霞ヶ関の検察庁に行ったりしています。週に一度お風呂の時間もありました。

食べる時間以外は、ほとんどフリーと言えるかもしれませんが、もちろん自由が制限されている檻《おり》の中です。ロッカーから物をとってもらうのも、ちり紙の追加を頼むのも、檻の中から大声で看守さんを呼び出さなければならず、いちいち手間を取らせるようで、心苦しいものでした。

食べ物は、ご飯とおかずが別々の容器に入っている弁当。朝は煮物や佃煮、昼はパン食、夜は揚げ物が多い印象です。美味しいとか、美味しくないといった感情はほとんどなく、出されたものをせっせと腹に詰め込む。逮捕された時に手持ち金は警察に預けています。そこから天引きする形で、弁当やパン、コーヒー、日曜には特別にお菓子も買うこともできました。私はなんとなく贅沢をしちゃいけないという引け目があり、支給される弁当だけでは足りなさそうな栄養を補うため、野菜ジュースのみ注文していました。

10日ほど経ったある日、夜ご飯を食べていると、F君が「明日、移される」とポツリと言います。「どれくらい?」「長い、長い……」「そっか、身体に気をつけてね」。これ以上は聞かないし、何も言いません。覚醒剤で、三度目の逮捕だとすると、何年くらいだろう。そもそも、覚醒剤というのも本当なのかどうかなんてわかりません。留置場内では新聞が回ってきますが、その留置場にいる人物のことが書かれている記事は、黒塗りでつぶされています。とはいえ、何となく別部屋の人には私の素性はバレていたようです。運動の時に「あいつが、アナウンサーで……」と、それらしきことも耳にしました。

その点、F君は他の人のことに一切興味がなさそうだったので、私としてはとても気が楽だったのです。

雑居房に救われた

Ｆ君が拘置所へ移送され、たまに1泊2日くらいのショートステイ（喧嘩とか酔っ払って暴れた類の人）もいましたが、一週間くらい一人部屋状態でした。ある日、夜ご飯を食べ終わった頃、「今日から一人増えるかもしれない」と看守さんが教えてくれます。今度の人も静かな人だといいな。その日夜遅くに入ってきたのは、外国人の若者でした。とても動揺して、怯えています。「７２９番（私の留置場での番号）、今日から部屋長だから、いろいろ教えてあげてね」と看守さんから託されましたが、入ってきたのは深夜だったため、すぐに寝る支度をします。留置場は、寝る間も薄明かりがついているので、私自身も眠りが浅かったのですが、隣に布団を敷いた彼も、ほとんど寝られないようです。寝返りを打ったり、ため息をついたりしているうちに朝になる。私もここに入った日は同じでした。朝になると新入りが、堰を切ったように話し始めます。彼はR君といって10年前にネパールからやってきて、2～3年日本語学校に通った後、ずっと日本で働いていたそう。帰宅すると警察に連行され、取り調べの後ここに連れてこられたと。どうやら、準強姦の罪らしいとわかります。「濡れ衣なんです！」と興奮した様子で話していました。「まぁ、落ち着いて。これからちゃんと取り調べもするだろうから。弁護士はどうしているの？」留置場に入って、たった半月しか経っていないのに、先輩ヅラして話を聞いていきました。「とりあえず、被害者のいる事件で時間もかかるだろうから、覚悟した方がいいよ」あんまり、楽観的なことを言っても期待を持たせるだけなので、アドバイスも限られてきます。

2〜3日経つと、もう一人追加されました。どんな人が入るかねとR君と話していると、白髪混じりでスラリと背の高い、全身刺青の中年男性が部屋に入ってきました。目つきも、どことなく鋭い感じです。流石にちょっと怖いかも……。日本人なら誰でも感じる、「ザ・組の人！」という雰囲気を、ネパール人のR君は感じなかったのか、ガンガン質問をぶつけていきました。Kさんというその男性は、詐欺容疑で捕まったそうです。見た目はやや怖いものの、とても丁寧な話し方をする人で、逮捕経験は何度もあるといいます。経験豊富そうだし、明らかに私より部屋長向きでした。

結果的に、この三人で私の留置場生活はラストまで過ごすことになるのですが、心折れることなく生活できたのは、二人のおかげといってもいいかもしれません。独居房だと考えることが多すぎて、どうにかなっていたでしょう。

R君が「今日、検察で一緒になった人、指ない。どうして?」と、カタコトの日本語でKさんに尋ねれば、「そりゃ、君、組を抜けようとしたか、何か失敗したんだろう」。「指を落とすのって、コツはあるんですか?」「コツ?　コツは、一気にやるんだよ。カンナの刃みたいなもので」

一見真面目そうな、NHKのアナウンサーが、留置場で指の詰め方を聞くなんて、まるでコントのようでした。

「田中さん（私）、ここで一個だけ好きものを頼めるとしたら何がいい?　俺は、ライムを搾ったコロナビール呑みてぇなぁ……」「私は、さっき読んだ時代小説に出てきた八杯豆腐ですね。醤油と酒が一杯、水（だし汁）が六杯で、合わせて八杯。それで豆腐を甘辛く煮るんですけど、とにかく温かいものが食べたい!」。R君は「日本のネパール料理全然美味しくない」と、本場のネパール料理の話をしてくれます。

長引く取り調べの合間に、与太話で気を紛らわすことで、お互いなんとかやり過ごしていたのかもしれません。R君だって、何度も入っているKさんだって、同じだったと思います。

留置場生活が1ヶ月近く経ち、ようやく、終わりが見えてきました。

「今日で取り調べは終わりです。明日、検察に呼ばれていろいろ話を聞くと思います。いや〜、長かったけど頑張りましたね」。他の人だったらここまで腹を割って話せなかったかもしれません。そもそもマトリの捜査官に腹を割るのがいいかどうかわかりませんが、共同作業でやり終えた達成感がありました。「E捜査官のおかげです。お世話になりました」と礼を述べます。「局の処分も全部終わったら、ご飯でも行きましょう！」と、ここでも取調室の会話とは思えない約束をして、最後の調書を終えました。

罰金50万円！　勾留生活が終わる

翌日、予定通り検察に呼ばれ「罰金刑」が提示されました。これで、ようやく自由になれる。再逮捕の恨みもありましたが、もうどうでもよくなっていました。「もう二度と違法薬物には手を出さないように」と諭され、検事とはお別れしました。検察から湾岸署に戻る途中、東京空港署を経由するのですが、窓の外に羽田空港からつぎつぎ飛び立つ飛行機が見えます。この飛行機に乗って、沖縄に戻りたい。でも、戻ってこの先の人生どうすればいいんだろう。明日で自由になることは決まったものの、現実が待っている外の生活の方が辛い。湾岸署に戻るバスの中で、その事実に気が付いてしまい、心から晴れ晴れという気持ちにはなれませんでした。

部屋に戻ると、R君が「明日出るんですか？　罰金ですか？　いくらですか？」と、羨ましそうに食いついてきます。いつまでもここにいるわけにはいきませんが、先に出るのも辛いものです。Kさんは、帰るなりソワソワしています。不思議に思っていると、私にお金を貸してほしいと申し込んできました。これも辛い。どうやら裁判を前に示談金が必要で、それを収めると刑がずいぶん軽くなるということです。30万円でいい。返すあてはあるといいますが、そのあてというのも、どこから出るお金かわかりません。そもそも、留置場内でのこういうやりとりは「厳禁」です。もう法律違反はこりごりでしたが、無下には断れませんでした。しばらく考えて「明日、罰金がいくらになるかわからないから、私もお金がないんです。とりあえず弁護士さんの名前を教えてください。貸せそうなら、Kさんの弁護士さんに相談します」と提案します。それで私の気持ちを悟ったのか「よろしくお願いします」と、それ以上強く求めてはきませんでした。

翌朝、いつもと同じ6時30分に起き、身支度を終えて最後の朝ごはんを食べました。いつもの検察送りと同じで、8時過ぎには護送バスに乗るので、あまり時間がありません。同房の二人に別れを告げます。「今度の部屋長はR君だから、頑張ってね」。「フェイスブックやってますか？　一緒にネパールに行って日本語学校やりましょう！」と誘ってくれます。「ゴメン。SNSはやってないんだ。全部片付いたら、無事に国に帰ってやり直しなよ」。心からそう思いました。Kさんは、「例の件、よろしくおねがいします」とだけ。この場で「必ずやるから！」なんて希望を持たせることは到底できませんでした。「できるだけやってみますね」とお茶を濁し、房を出ていきます。

釈放される人は、入った時の所持品や、差し入れの本など全て袋に入れているので大荷物です。だから、誰が「出て行く人」なのか一目でわかります。私もようやく憧れていた「出て行く人」になれました。護送のバスを待っている間、「大丈夫だと思うけど、もうここに来ちゃダメだよ」と看守さんから言われます。「こちらこそ、お世話になりました。

もう来ません！」と、ベタなドラマのようなやりとりをして、護送バスに乗り込みました。

検察庁で暫く待ったのちに、裁判所に移動します。ここからの待ち時間が長かった。呼び出されたのは15時を過ぎる頃でした。この頃まで、私は罰金の額も聞いていなかったので、いくらぐらいになるだろうと、ドキドキしながら待っていたのです。ようやく名前が呼ばれ、同じく罰金刑を受けた何名かが、書類にサインをしていきます。サインをしているくらいなので、この時点で手錠は外されていたと思うのですが、どのタイミングで外されたのかはまったく覚えていません。その後、隊列を組んでゾロゾロと裁判所の中を歩くうちに、気がつくといつの間にか地上に出ていました。突然、普通の服を着た人が向こうから歩いてきたので、グレーのスウェットを着た私たちは、留置場から来た人だと丸わかりです。とても恥ずかしく感じました。しばらく歩いたところで、ＮＨＫの上司と弁護士を見つけ、ようやく解放されたと実感したのです。

裁判所の配慮か、私だけ小部屋に案内してもらい、弁護士が用意してくれた罰金50万円を納付します。小部屋の中で、忌々《いまいま》しいグレーのスウェットから着替えました。

落ち着いて話を聞くと、私が自分の処分内容もわからず、裁判所でぼんやり待っている昼頃には、すでにマスコミに罰金刑が発表されていたそうです。裁判所の周辺にも、釈放された私を撮るためにカメラが何台かいたといいます。局の上司に、後日の取り調べと始末書を提出することを約束し、カメラへの警戒も兼ねて私を囲むようにして一緒に出口に向かいます。そこで、見覚えのある顔が私の50メートルくらい離れたところから後をつけていることに気がつきます。担当検事の書記官でした。なぜ、彼が見送りに来たのかいまだにわかりません。彼になんとなく黙礼をして、ついに裁判所から外に出ました。待ちわびた外の世界でしたが、カメラがいるかもしれず、うかうかしていられません。

この日、自分の部屋には直接戻らないで、都内のホテルで1泊しました。

案内された部屋には、姉が待っています。毎日のように留置場に面会に来てくれましたが、面会時間は20分と限られているので、時計を置いて時間を気にしながら、必要な連絡事項のみ話していました。でも今日から時間制限はありません。改めて迷惑をかけたと謝りました。聞くと、やはり私のことに時間を取られて仕事に支障が出ていたそうです。「まぁたっぷり恩は売ったから、あとで返してもらう」と笑ってくれます。「とりあえず、外に出るところまで来たんだから、あとは自分で頑張りなさい」と励まされました。

シャバの空気は……

もう一人、古い友人が心配してやってきました。ルームサービスをとり、夕飯を三人で食べます。久しぶりに好きなものを食べたはずなのに、何を頼んだのか、これも記憶が全くありません。しっかりしているように装っていましたが、もう感情のほとんどは残っていませんでした。

そんな中、パソコンもスマホもまだ押収されていたので、友人にエゴサーチをしてもらいました。自分に関する情報を、この時点で知っておいたほうがいいと思ったからです。

大体は、予想通りでした。とはいえ、セクシャリティのことを面白おかしく記事にされるというのは、こんなにも気持ちがヒリヒリするものかという感情が初めて湧きました。

私が後輩の女性アナウンサーをイビリたおしていたなんてゴシップ記事は、まぁやり過ごすこともできましたが、二つだけ心に重くのしかかった記事があります。

一つは、「いい仕事してるのに、何やってんだ！」と女性タレントが激怒しているという記事。これには、ぐうの音も出ませんでした。私も本当にその通りだと思います。
もう一つは、あるワイドショーの中でコメンテーターが「彼は、沖縄局勤務の時にドラッグを覚えたに違いない。沖縄は、薬物に甘い地域だから」と発言したという記事です。私がラッシュを覚えたのは新宿です。私のことで沖縄がいわれのない中傷をうけてしまった。憶測で適当なことを言うなと、今なら反論もできますが、この時は到底無理でした。

釈放されたこの日、あとはどん底から這い上がるだけだと思っていました。でも、私の底はまだこの先にあります。失ったものに気づくには、案外時間がかかるものなのかもしれません。

第3章

NHK懲戒解雇

釈放後、人目が気になり電車やバスにも乗れなくなった

13年のアナウンサー生活が終わる

1ヶ月ぶりに自分の部屋に戻ると、飼い猫がベッドからのそのそと起き上がって迎えてくれました。毎日、姉や友人が餌やりに来てくれていましたが、寂しかったのでしょう。明らかに、怒っています。まずは、部屋の掃除から始めました。マトリの人たちは土足ではなかったけど、厄《やく》のようなものを払いたかったのかもしれません。掃除機をかけて、床も棚も拭いて、トイレも綺麗にして、ようやく気が済みました。ソファに座ってぼんやりしていると、猫が喉を鳴らしながら頭をこすりつけてきます。なんとか帰ってこられた。初めて実感が湧いてきました。そういえば、あの日作り置きしていた鍋一杯の豚汁はどうしたのだろう。あとで聞くと、姉が怒りながら捨てたそうです。ようやくいろいろなことを思い出してきました。

まずは、局の処分を受けなければなりません。保釈され、ＮＨＫ側との面談は弁護士の同席のもとに行われていました。聞かれたこと、話したことは、主にマトリの取り調べと同じものでした。生まれて初めて、始末書も書きます。働いている時に、何度か始末書を書いている同僚や先輩を見たことがありました。それを見て、自分が始末書を書くとしたら、管理職になって、部下がミスをしたなどの類で書くことはあるかもしれない。なんて思っていましたが、よもや自分のことで始末書を書くことになるとは思いもしませんでした。

「憧れていた東京のアナウンス室に異動することはできたけど、同僚や後輩たちがどんどん結婚して家庭を持っていく中で、ゲイである私は結婚もできずパートナーと離れてまた独り暮らし。転勤族と覚悟して入局したものの、これが定年まで続くのかと思うと憂鬱になっていた。その気分を晴らすため、偶然見つけたサイトから購入してしまった」

主にこんなことを書きました。始末書みたいな文書に、セクシャリティについて書くのはどうかな？　とためらう気持ちもありましたが、本当のことを書くほうがいいだろうと覚悟を決めます。

もう、ＮＨＫとしての処分は決まっていると感じていたので、最後くらい自分を正直に書いたほうがいいという気持ちもありました。

ＮＨＫでは、懲戒解雇について「ＮＨＫの信用を傷つけるような行為があったとき」という内部規定があります。確かに私の場合も「信用を傷つける行為」です。でも、どの程度とは具体的に書いていません。情状酌量の考慮ができる反面、その都度の判断で処分を下すこともできるのです。

呼び出されたのは、渋谷の放送センター近くの会議室でした。アナウンス室長はじめ三役が揃っています。処分の結果は、やはり「懲戒解雇」でした。激しく動揺するということもなく、粛々と処分内容を伝える室長の言葉を聞き、粛々と受け止めていました。「最後に何か言いたいことはありますか?」と、室長が尋ねます。

「アナウンサーは、周りに育ててもらわないと成長することができません。同期の中でも劣等生だった私が、なんとか13年間アナウンサーとして仕事ができたのは、あたたかく指導して見守ってくれたからだと思います。仕事の失敗は、たくさんありました。でも、それを仕事で返して成長することができました。今回の失敗は、そうやって返すことができないと思うと本当に悔しいです。期待を裏切ってしまったこと、本当に申し訳ありませんでした。今はまだ先のことは全く見えていませんが、早く立ち直って、社会の役に立つことをしていきたいです」

前半部分の謝罪は、心の底から思ったことです。後半部分の今後のことについては、なんとかまとめようと思ったのか、こんな状況になっても残っていたプライドなのか、自分がボロボロな状態なのに、よくこんな殊勝なことが言えたものだと思います。

職員バッジやＩＤカードなどを返却し、私のＮＨＫアナウンサー生活は、あっけなく幕を閉じます。東京に転勤して「これから」だったのに。この部屋にいる誰もが思っていることでした。

会議室から外に出て玄関に向かう途中、見送りに来てくれた上司の一人が「何やってんだよ……」とぼそっと呟いて泣いています。ＮＨＫには全国に５００名を超えるアナウンサーがいます。そんな中で、新人時代から私の仕事をよく見てくれていた人でした。私が伸び悩んでいる時には、声をかけ励ましてくれた人でもあります。「本当にすみません」。そう返すのが精いっぱいでした。

離れていく人もいれば……

暫くすると、局にあった私の荷物が段ボールに詰められて送られてきました。名刺の束やら、災害報道用の長靴やら、集めていたスクラップ資料やら、段ボール6箱くらい。「私の13年なんて、この箱に収まるくらいなんだな」と思いながら、捨てるもの、溶解処分にするものと分類していきます。

段ボールの中に、メガネケースが入っているのに気がつきました。中にメガネを入れていたかどうか確認しようと開けたところ、小さく折り畳んだ手紙が入っています。同僚の一人からのものでした。翌日私の荷物が運び出されると聞いて、こっそり入れてくれたようです。手紙には「何があったかわからないけど、とにかく家族を大事に生活してください」というようなことが書いてありました。表立って私とコンタクトを取るのは難しかったと思います。それにしてもメガネケースの中とは、よく考えたな。久しぶりに笑うことができた、しみじみ嬉しい手紙でした。

逮捕されたことで、距離をとった人もいます。何年か経った後に連絡をくれた、様子見なんていう人もいました。これぱかりは、私にはどうすることもできません。釈放されてすぐ、特に仲の良かった同僚に「心配をかけてごめん」と連絡しようとしましたが、このやりとりが万が一流出した場合、相手に迷惑がかかると思い直して、すぐに連絡を取るのをやめました。それ以外の友人たちには、ポツポツ返信するようにしていましたが、だいたい「やらかした。ま、ゆっくり立ち直ります」と強がった返事をしていました。

この頃、初めて民放の記者が家に訪ねて来ました。住所は、どこかでバレてしまうものです。前述の通りインターホンのない家だったので、直接やりとりするしかなく、近所の手前、家に入れました。まだ寒かったのでお茶を出して何事かと聞くと、「明日、製造キットを売っていた売人が逮捕される」といいます。ぜひインタビューに答えてくれませんか？　というものでした。心境としては、もちろん「無理」です。そもそも私が何を言っても信用されないと思うのでと、インタビューは断りました。でも、今後同じような手口にひっかかる人がいるかもしれないという気持ちから、どういう流れで製造キットが届いたかということなど、知らなさそうな情報を丁寧に説明します。その見返りではないけど、どんな人が売っていたかという情報は聞き出すことができました。結構な金額を稼いでいたということです。

私は、解雇された時点から、いわゆる「一般人」になったようで、名前が出ることはなくなりました。

この日の記者も、塚本さんの名前は出しませんからと言っていました。しかし放送を見ると「元NHKアナウンサーも購入」などとテロップが入っていて、これじゃ名前が出るのと変わらんだろうと、落ち込んだものです。

引越し！　姉と同居へ

会社の処分が落ち着いた頃、姉から「部屋代を払うのも大変だろうから、暫く一緒に住まない？」と提案されました。「とりあえず、2年ぐらい経てば次に進む道も見えてきて、仕事も決まるでしょう。13年ぶりの同居だけど、まぁ楽しくやろう」と言ってくれます。東京を離れることも考えましたが、まずは、人生を立て直して、姉を安心させるのも大事だと思い、提案をありがたく受け入れることにしました。

同居先を探すのは、思ったとおり大変でした。姉と私と猫1匹。申し込み人に私の名前を書いたら、名前検索をされて、不動産屋から断られたこともあります。落ち込むというよりは、こんなこともあるのかと驚きました。それでも、なんとか物件を見つけ同居生活を始めます。

引越しは、費用を抑えようとレンタカーを借りて自力でやりました。転勤族だったので引越しは慣れていたのですが、これまでの引越しは業者が運んでくれました。今回は極力荷物を減らそうと、大断捨離を決意します。しかし断捨離をしても結構荷物が多く、作業がなかなか終わりません。見兼ねた先輩が手伝いに来てくれました。フリーアナウンサーとしても活動している人なので、一緒にいるところをマスコミに撮られたら大変！と一度は断ったのですが、「引越し手伝うだけじゃん。気にすることないよ」と駆けつけてくれました。家には、学生時代から資料として持っていた、歌舞伎関連の本が大量にあります。二人で黙々と本を紐《ひも》で縛る作業をしていました。この大量の本も、資料だと思っていたから残していたものです。もう必要がないな……。この期に及んで、芝居を見る気持ちにはどうしてもなれませんでした。「もうこの本は全部処分しよう」と私が言うと、「いつかまた観たい日が来るかもしれないんだし、運ぶだけ運べば?」と先輩が言います。私は、物を捨てることで、過去と決別したかったのかもしれません。人生を先に進めることに焦るあまり、気持ちの余裕がありませんでした。これは先輩のいう通りかもしれない。とりあえず、新居に持っていくことにします。

新しい部屋は、車で30分くらい離れたところにありました。車でピストン輸送するために荷物を運んでいると、アパートの掃除のおばさんから「頑張ってくださいね」と声をかけられます。私はてっきり「引越し作業を頑張って」ということかと思っていましたが、「あれは、あんたに対して頑張れと言っていたんだよ」と先輩が指摘してくれます。一通り荷物を運び終えると先輩が「外食も嫌だろうから、私の家でご飯食べよう」と誘ってくれました。残り物のカレーをご馳走になり、私は最後の荷物を運ぶために部屋に戻ります。

明るくない新生活が始まる

無事に引越しを済ませ、新しい生活が始まったある日、郵便が届きました。差出人を見ると、沖縄局時代に担当していた番組のスタッフからでした。封の大きさからすると、手紙か寄せ書きでしょう。今から考えるとおかしな話ですが、中に何が書いてあるのかわからないのが本当に怖くて、暫く封を開けることができませんでした。何週間か経ったころ、ようやく意を決して封を開けます。中には色紙が一枚入っていました。個人個人のメッセージが書いてある寄せ書きではなく、色紙にはただそれぞれの名前が書いてありました。

この中には「頑張れ」という感情だけでなく、「何やってんだよ」と残念に思う気持ちも含まれていたでしょう。それでも、こんな私に寄り添っていますというメッセージだった気がして、とても嬉しかったのを覚えています。

友人たちは、「離れていく」「変わらない」「少し距離を置いて常観する」人がいると言いましたが、逮捕される前の私は、間違いなく日和見《ひよりみ》派でした。もし、友人が私と同じような状況に陥ったとすると、離れるか距離を置くという選択を取っていたでしょう。引越しを手伝ってくれた先輩や、危険（？）を顧みず、メガネケースに手紙を忍ばせたり、色紙を送ってくれたりした人たちのような「行動」が取れるようになるには、どうすればいいだろう。

私はこの後、「行動」が取れる人に山ほど出会うことになります。

２年限定の同居とはいえ、グズグズしている場合じゃありません。懲戒解雇の場合、失業手当が支給されるのは半年後です。その前にできれば仕事を見つけようと、ハローワークに通いました。中高年のための再就職合同説明会などにも積極的に参加してきましたが、なかなか面接までたどり着くことができません。職歴が放送局というと、決まって「何の仕事?」と聞かれます。ここで嘘をつくわけにもいきません。アナウンサーをやっておりまして……。というと、食いつきはいいのですが、辞めた理由を言うと、全て離れていきました。こればかりは仕方がないと腹をくっていたのですが、なかなか面接までたどり着けない。だんだん足が遠のいていきました。

そんな私を心配した周りの人が、知り合いの会社を紹介してくれ、アルバイトを始めました。事務の手伝いで、ホームページ管理や、広報誌の原稿書きといった仕事です。時間は、昼から夕方まで。事務所はオフィス街にありました。私の通勤時間は、ちょうどランチタイムと重なっていたのですが、そこである感情に気がつきます。昼ご飯を食べに行くサラリーマンの集団を、どうにも直視できないのです。上着を脱いで、腕まくりをした五人くらいのサラリーマンは、オフィス街のよくある光景です。

自分は、もう彼らのように会社に入って同僚たちとご飯を食べに行くなんてことができないのかと思うと、どうにも心がざわついて動悸が激しくなり、走って裏道に逃げこみました。

おかしいのは、自分が働いていた頃には「昼飯ぐらい一人で食いに行け！」と集団で食べに行く人たちを嫌っていたのです。

何だ、そんなことかと思うかもしれませんが、この頃から少しずつ、自分の中で〝できないこと〟が増えていきました。

飲食店は、食事中に店の中で知り合いに会うかと思うと怖くて避けていきました。どうしても入らなければいけない店の場合、間取りや席の配置を確認して、万が一誰かに遭遇した時に、逃げる動線が確保できるかということを調べていました。それができない店は、絶対に入れません。コンビニも、できるだけ早く買い物を済ませ、逃げるように出ていきました。

電車にも乗れなくなっていきます。釈放されてからしばらくの間は、マスクやサングラスをかけて変装した上でなんとか電車に乗っていました。でも、最寄駅の切符売り場とホームにある電光掲示板に、「危険ドラッグ、一度で人生台無し」という警視庁からの広告表示が毎回出ているのです。

初めてそれを見たとき、足がすくみました。それと同じくして「危険ドラッグ　落ちた

ら終わり　人生のタイトロープ」という、なんとも私むきのポスターが駅に貼られているのを目にします。最初のうちは、ただ立ち去ることもできましたが、何度か見るうちに本格的に足が震えて動けなくなるようになってきました。こんな思いをするくらいなら、電車に乗るのをやめよう。移動は、ほとんど自転車を使うことに変えました。

アルバイトにも自転車で向かうようになると、職場に行く途中に大きな公園があるのに気がつきます。

広い公園だから、万が一誰かに遭遇したとしてもすぐに逃げることができる。おまけに自転車だと、逃げるのが早い！　という安心感がありました。公園にはいろいろな人がいました。弁当を食べているサラリーマン、くたびれた感じの人もいれば、これから仕事に戻る営業マンという感じの人もいますが、だいたい一人でいる人が多く、私と同じだとホッとしました。誰に迷惑をかけるでもなく、一人パンをかじるこの場所が、私にとっての救いでした。唯一、息抜きができる場所だったのかもしれません。

電話もメールも怖くなっていきました。いつ電話がかかってくるかわからない恐怖から、電源を切って生活をしていたのです。すると、姉から「ラインが既読にならない！」と何度もメッセージがくるようになります。私が逮捕された時、姉は私に何度もラインメッセージを送ったそうです。当然ながら、私は留置場なので、既読になりません。今でもメッセージが既読にならないことが、不安でたまらないといいます。これは、もうトラウマのようなものです。しかも、私が悪い。それ以来、電源を切るのをやめました。着信があると、跳び上がるまではいかないけど、いちいち驚いていました。

新しい携帯にすればいいのでは？　とも思ったのですが、過去の人間関係を全部断ち切ることが本当にいいかどうか判断できなかったのです。薬物事件を起こすと、売人などからの関係を断つために、警察の見ている前で携帯を破壊する……なんてこともよくあるようですが、マトリからは特に求められませんでした。

ガサ入れの恐怖から、家のチャイムも怖くなりました。チャイムには毎回文字通り跳び上がるほど驚きます。もうやましいことなんかないのに、覗き窓を覗くのが嫌で、極力居留守を使いました。

一方で沖縄のパートナーや友人たちは、本当によくサポートしてくれました。

普通、セックスドラッグを製造して逮捕された、なんて、パートナーから捨てられて当然だと思うのですが、「やりたかった仕事をクビになったのは、とても残念だけど、僕は自分勝手だから、ケンイチが転勤族から解放されて、沖縄に戻ってきてくれるかもしれない！ と思うだけで、もう十分です」と言ってくれます。

「一度沖縄に来れば？」と何度も誘ってくれますが、４年近くアナウンサーとして過ごした沖縄の方が東京より顔を晒《さら》していたので、躊躇《ちゅうちょ》します。何より私の心に重くのしかかっていたのは、例のコメンテーターの発言でした。私のことで、沖縄の人たちが謂《いわ》れない中傷をされた。これをどうやって償おう。そんなことを考えると、どうしても二の足を踏んでしまいます。その状況を知った沖縄の友人の一人が、「なんで来ない？ あなたが沖縄に来られないなら、私が行こうね！」と箱いっぱいに沖縄の食材を詰めて、我が家にやってきました。久しぶりに会った友人は、何も変わらず接してくれます。持参した食材は、パパイヤや人参、島らっきょうだけでなく、すば（そば）や、鰹節、麩、サーターアンダギーの粉まで入っていました。箱を開けただけで、懐かしい沖縄の匂いがします。「これ、銀座のわしたショップ（沖縄の常設物産展）でも買えるんじゃない？」と冗談を言いながら、一緒に料理を作りました。パパイヤイリチー、人参シリシリー、麩チャンプルー、サーターアンダギーも揚げました。豚肉で出汁をとり、沖縄すばも作りました。料理をしながら、「沖縄の人を傷つけたかもしれなくて、行くのが怖い」と話すと、「友達だからかもしれないけど、少なくとも私は気にしてないよ。まぁ、無理することでもないし、帰りたくなった時に帰ってくればいいさ」と諭してくれます。

目に見える味方がいると思うのは、確かに心強いものです。この後しばらくして、沖縄に足を運んでみたのですが、いつも状況は同じで、パートナーの部屋からほとんど出ることができず、ほぼ部屋と空港の往復しかできませんでした。友人たちは、部屋に会いにきてくれるという状態が続きます。

昔のように、自由に外を歩きまわれる日は来るのだろうか。

ヨーロッパへ逃げる

解雇されて、一つだけ姉にお願いしたことがありました。これだけ時間があるのも人生でそうあることではないので、１ヶ月くらい海外を放浪したい。姉も気分転換になるだろうと快く受け入れてくれました。場所はどこでも良かったのですが、薬物がらみで逮捕された身としては、入国が面倒でないところが良い。アメリカは、諸々手続きが面倒くさそうでした。アジアも惹かれましたが、せっかくだから少し遠くがいい。ちょうど、学生時代の友人がルクセンブルグで出産を控えている。妊婦の彼女に、日本から物資を差し入れするという表向きの理由をつけて、ヨーロッパに決めました。とにかく日本を離れたかった。1ヶ月もブラブラできる機会はもうないだろうという気持ちで、ロンドンのヒースロー空港に降り立ちます。極力お金をかけたくなかったので、宿はＡｉｒｂｎｂの下宿。移動は長距離バス利用とコストを抑えます。1ヶ月はあっという間に過ぎました。ロンドンやパリ、ミュンヘンなど大きな都市には美術館や教会など魅力的なところがたくさんありましたが、実はそういった観光名所には一つも入りませんでした。

何をしていたかというと、日本ではできなかった街歩きです。ひたすら街をうろうろして、地下鉄に乗って、疲れたら、お金がないのでパンを買って公園でかじる。この繰り返しでした。公園でパンなんて、日本と変わらない……かもしれませんが、それでも気兼ねなく街を歩ける喜びと、開放感を心の底から感じていました。よほど歩いたからか、旅が終わる前日、丈夫な革靴の底がベロッと剥がれたほどです。

実は、この旅でもう一つ解放されたものがあります。それは、不眠です。逮捕以来、会う人会う人に「睡眠とれている?」と聞かれていましたが、そのたびに「案外、寝ているよ」と答えていました。でも本当は眠りがおかしくなっていたのです。横になっても寝つきが悪く、深く眠ることができない。あまりにも不眠が続くので、一時期、睡眠の時間や夢の内容についての日記をつけていたほどです。

その日記を振り返ると、今はもう会うことができない同僚たちと夢の中で一緒に仕事をしたり、そこで謝ったり、そんな夢ばかりをほぼ毎日見ていました。ニューススタジオに入るけど、手元に原稿がない。中継先で呼ばれるけど、声が出ない。なんて、アナウンサーなら一度は見るような夢も、頻繁に見ていました。私は、自分が思っている以上に仕事が好きだったのかもしれません。それが、日本を離れた途端にパタリと止み、ぐっすり眠れるようになりました。原因は、異国の開放感かどうかはわかりませんが、少なくとも、この旅の１ヶ月の間は不眠が止まって身体が楽になったものです。

ヨーロッパにきた理由を、「こんな機会、人生でもうないから」と言いましたが、日本にいるのは、もう限界だったのかもしれません。私は、ヨーロッパに逃げたのです。

第4章

進行するうつ病

逮捕シーンがフラッシュバックし、どうにもならなくなる

菊間弁護士との再会

逮捕から丸1年を迎えるのを前に、留置場に接見にきてくれた菊間弁護士に連絡をとりました。なんとか生きているという報告と、接見の時に一緒に過ごしたあの一時間が、その後の留置場生活で何より救いになったというお礼を伝えたかったからです。本当はもっと早く、釈放後すぐにでも連絡をするべきだったのですが、逮捕に関することは極力触れたくなく、思い出さないように生活をしてきたため、罪状などが書かれた書類や、拘留中に書いていたメモノートなどは、大きい封筒に入れて棚の奥にしまい込んでいました。まさに封印です。その封筒の中に、接見の際にいただいた菊間さんの名刺も入れていたので、どうしても億劫になり先延ばしにしていました。とはいえ、逮捕から1年という節目を前に、何か一つでも人生を前に進めておきたいという気持ちもありました。当時の私にとって、携帯電話を触るのも怖いくらいで、自分から人に連絡を取るということは、相当な決意がいるほど大変なことでした。まず、棚の奥にしまった例の封筒を取り出し、他の書類は極力目に触れないようにして、書類の束から菊間さんの名刺を見つけます。パソコンに向かい、勇気を出してメールを送りました。何日かすると返信がきました。

私のその後については、ニュースを見てＮＨＫが出した処分も知ったそうです。東京はもう引き揚げて、沖縄にでも行ってしまったのかなと心配してくれていました。私の非礼を少しも責めることなく、ぜひ一度食事に行きましょうと誘ってくれました。

もっと早く連絡を取っていれば良かった……。菊間さんの事務所に近い居酒屋で会食をしました。ほぼ1年ぶりに会った菊間さんは、変わらず頼もしいお姉さんで、逮捕されて以来、人と会ってご飯を食べることがほとんどなかったので、久しぶりの会食がとても新鮮でした。

アナウンサーという職種で就職活動の試験を受け続けると、顔見知りも多くなり、必然的に同業の友人も増えると聞きます。でも、私はＮＨＫ以外の放送局は自分でも向いていないと自分でわかっていたので、ほとんど受けていませんでした。だから、民放局の知り合いはほぼいません。ＮＨＫで仲の良かった同期や先輩たちには、私から連絡を取ることで迷惑をかけてしまうという気持ちから関係を断ちました。さすがに10年以上アナウンサーとして仕事をしてきた中で、久しぶりに同じ職種だった人と語り合えたのも嬉しいことでした。

ご無沙汰を詫び、その後の生活について報告をします。引越しをして姉の世話になっていること、全然仕事が決まらないこと、1ヶ月の放浪の旅から帰ってきたことなど、他愛のない話を一通りした後、接見にきていただいた感謝の気持ちを伝えました。どうしようもない私にも救いの手を差し伸べてくれる人がいるのだと思うと、当時本当に心が救われたと、直接伝えることができました。

「当時、結構騒ぎになったから心配で行ってみたけど、やっぱり大変だったね。これからどうするの?」と菊間さんから、これからの生活について聞かれました。「とりあえず時間が薬だと思って、1年間は極力考えないようにしてきました。まずは逮捕から丸1年を迎えるので、ようやく迷惑や心配をかけた人に謝りに行きたいんです。でも、次の道をきちんと決めてから報告したいな~。なんて考えていると、なかなか動くことができないんですよ」。私が相変わらずグズグズしていると、菊間さんは「嫌なことは年内に片付けて、新しい年はさっぱりとした気持ちで迎えた方がいいよ!」とアドバイスをしてくれました。

本当は、人から後押しされることもなく、自分から率先して動くことができたらどんなに良いかと思うのですが、その頃の私には、こうやって力を与えてくれる人が必要だったのかもしれません。「そうですよね！　今年の汚れは今年のうちに落としましょう！」と宣言し、「次に会うときまでには、その先の人生について報告ができるように頑張ります」と約束をして、その日は別れました。

台湾逃避中に知人に遭遇！

そして、新しい年を迎えました。１年前の正月といえば、念願だった初めての芸能番組の本番を控え、この世の春というほど有頂天な気持ちで迎えたものです。そのわずか10日後に逮捕されたわけですが、１年前の事件を思うと、正月の賑々《にぎにぎ》しい雰囲気も嫌になり、陰鬱な気分のまま過ぎていきました。そして、自分が逮捕された１月10日のＸデーは、日本で迎えたくない気持ちから、姉とパートナーを誘って、三人で台湾に出かけました。新聞や雑誌などでよく見かける「１年前のこの日にあった事件」と、後追い記事が出るかもしれないという恐れもあったし、それが自分の目に触れた時のことを考えると、少しでも日本から離れたいと思い、再び「逃げた」のです。

逃げた台湾は、私にとって思い出の多い場所の一つです。沖縄局の勤務時代は、ＬＣＣを使うと数千円と格安で行けたこともあり、頻繁に通っていました。好きが高じて、台湾ロケのラジオ番組を企画し、ディレクターとして制作したこともあるほどでした。逃げるのは果たして、いいことなのかという疑念もありましたが、１月10日を台湾で過ごすようにスケジュールを組んだのです。逃げただけあって、日本での現実を忘れつつ、ついに丸1年の日を迎えました。

その日は、お世話になっている姉と沖縄のパートナーに、改めてお礼を言うことができたし、前向きに新しい年を過ごしていきたいと決意も伝えることができました。


とはいえ、一つ事件も起きました。逮捕以来最も恐れていた、町の中で知り合いに遭遇するという経験を、異国の地で初めて経験したのです。帰国前、最後の昼食をとった店で、かつて台湾ロケでお世話になった現地コーディネーターの方に、ばったり遭遇してしまいました。

その方とは共通の知人も多く、恐らく私の事件についても知っていたようです。お互い、パッと目が合ったものの、気軽に再会を喜ぶという感じではなく、なんとなく気まずい空気の中、会釈をして店を離れました。

あぁ、やはりこういうこともあるのだなと、落ち込んだ気分で帰国したものです。

海外に逃げた理由は、もう一つありました。この頃から、ある風景を見るとフラッシュバックのようなパニックが起きてしまうようになったのです。例えば、湾岸署から検察庁に送られるたびに乗っていた網で包囲された護送車を街で見かけると、パニックになりました。変わったものでは、護送車の中から眺めていた通勤時の黒いコートを着たサラリーマンの集団もダメでした。よくある東京の冬の景色なのはわかっていましたが、それを見るとどうしても当時を思い出してしまいます。動悸《どうき》が激しくなり、立っていられなくなるほどでした。

台湾への逃亡は、たった２泊３日のことです。そんな状態ですから、丸１年を過ぎても心が晴れることはありませんでした。せっかく、お世話になった菊間さんとも再会し、次の道を模索しようと決意したにもかかわらず、気持ちはなぜか後退していきます。

「事件のことは忘れた方がいい」と周りの人に言われることも、モヤモヤした腑に落ちない気持ちに拍車をかけました。果たして私の起こした事件は、忘れた方がいいことなのか。この頃から眠れない日が再び続き始めました。明け方ようやくウトウトし始めるのですが、眠りが浅くすぐに目が覚めてしまいます。

偶然見つけた記事

ある眠れない夜、珍しく布団の中でスマートフォンをいじっていると、ある記事が目に入りました。それは、「薬物報道ガイドライン」というタイトルです。

自分の逮捕以来、テレビや新聞のニュースは極力目に触れないようにしていました。元の同僚たちがニュースを読んでいるのを見ると、自分を顧みて辛くなることも理由でしたが、逮捕当時「危険ドラッグで逮捕された元アナウンサー」と報道されたことから、「元○○」という文字や、「台風　帰宅ラッシュ直撃!」といった新聞の見出しもダメで、「危険!　立ち入り禁止!」「ドラッグストア」といった街の看板にさえも、冗談ではなく反応していたほどです。これらの文字を見るだけで、前述の景色をみた時と同じように、動悸がして身体が固まってしまいます。

そんな状態ですから、薬物報道という文字を見ただけで、これは見ちゃいけない記事だ、と身体が拒否反応を起こしました。

でも「薬物報道ガイドライン」とは、一体どのようなものだろうと、猛烈に興味が湧いたのを覚えています。

しかし、「元」という文字を見ただけで耳が熱くなって、激しい動悸がするような心理状態では、到底記事なんか見ることはできません。もしかしたら私のことも書かれているのではないか？　などというくだらない妄想もあり、記事をクリックすることができないまま１ヶ月が過ぎました。

菊間弁護士に再会したとき、迷惑をかけた人に謝罪すると宣言をしたものの、なかなか腰が上がらない。そのことへの罪悪感も、私の心にのし掛かるようになっていきます。１月はいく、２月逃げる、３月去るという表現がありますが、ぐずぐずしている間に、３月１日の私の誕生日がやってきました。

もともと私は記念日などのメモリアルが嫌いで、誕生日にも全くといっていいほど思い入れがなかったのですが、この年の誕生日は、四十を前にして何をノンビリしているのだ！　と自分に喝を入れたくなったのです。仕事もクビになり、家も売り、貯金もどんどん減っていく中で、何でもいいから、この日に一歩前へ進みたい。とはいえ、迷惑をかけた人にいきなり連絡をするというのもハードルが高い。そこで、１月にちらっと目にしただけで閉じてしまった「薬物報道ガイドライン」の記事を読む決心をしたのです。なぜそこまでこの記事に惹かれたのか、いまだによくわからないのですが、私の事件だって薬物報道だから関係なくはないだろう。ドキドキしながら検索し、誕生日の夜に記事を読みました。

よく見ると、ＴＢＳラジオで平日の夜に放送されている荻上チキさんの「Ｓｅｓｓｉｏｎ‐22」でオンエアで使われた音声の書き起こし記事でした。私は、幼い頃からラジオをよく聞くラジオっ子で、ＮＨＫで働いている時も、ラジオの企画リポートや番組を好んで作っていました。「Ｓｅｓｓｉｏｎ‐22」の裏番組である「ＮＨＫジャーナル」でも何度もリポートしていたし、もちろん荻上さんの番組も知っていました。「Ｓｅｓｓｉｏｎ‐22」は放送時間が長いこともあるからか、毎日一つのテーマで長い時間特集を組んでいて、骨太だけどフットワークが軽い番組。どのテーマにも、グイグイ食い込んでくる荻上さんの知識の豊富さにも感心していたものです。

その番組の中で、特集として紹介されていたのが「薬物報道ガイドライン」でした。ゲストとして登場していたのは、薬物依存を専門とした精神科医の松本俊彦先生、「ダルク女性ハウス」代表の上岡陽江さん、そして、「ギャンブル依存症問題を考える会」の田中紀子さんの３人です。

内容は、昨今の芸能人やスポーツ選手などの薬物問題についての報道について、どうもおかしなものが多く、一連の薬物報道の中には、依存症への差別や誤解を助長したり、むしろ薬物への興味を煽る結果になったりと、薬物問題の解決とは違う方向にいっている。そのことから、薬物依存症の回復支援にあたっている人たちから問題を提起し、今後の薬物報道のあり方を考えるきっかけにしてほしいというものでした。具体的に「避けてほしいこと」として、イメージカットの白い粉や注射器を使わない。薬物への興味を煽る結果になるような報道をしない。ヘリを飛ばして車を追ったり、家族を追い回したりする過剰報道をしない。「望ましいこと」は、薬物依存症の当事者や、家族支援者などが、報道から強い影響を受けることを意識してほしい。薬物依存症に詳しい専門家の意見を取り上げてほしい。などが挙げられていました。それぞれの例のほとんどが、どこかで誰かの薬物がらみの事件の際に見たことがある報道のされ方だと思います。

私自身が起こした事件の報道の際にも、さすがにヘリは飛ばなかったようですが、概ね同じ扱いだったそうです。例えば、ニュースで報じる際に、ラッシュと全然関係のない、注射器やパックに入った白い粉の映像が多用されていました。ＴＶ局としては単に薬物に対するイメージカットとして入れたものだと思います。でも、このような映像を目にしただけで、治療中の薬物依存症者は、スイッチが一瞬にして入ってしまうこともあるそうです。

私もガイドラインを読んで、このことについて初めて知りました。せっかく薬物から遠く離れようと頑張っている人にとって害のあるものを、薬物をイメージしやすいという理由で電波に乗せて流している。

また、ラジオではガイドラインには「家族の支え」が必要というような美談に仕上げないでほしい、ということも挙げられていました。薬物事件を起こした関係者の談話として、よく使われれるコメントで「がっかりした」「反省してほしい」などがあります。放送局にいた身とすれば、視聴者の共感要素の部分のコメントなので、ある程度は仕方がないのでは？　と感じる部分でもありましたが、これも当事者たちの言い分があります。

「家族の支え」に関しては、依存症当事者に代わって家族が謝罪したり、問題を解決したりしてしまうことは、自分の依存症の問題について目を向けなくなってしまうので絶対に避けるべき行動の一つ。だからこそ、依存症の回復には、家族とほどよく距離を取ることがとても重要だと言われています。

また、「がっかりした」というコメントは、私も薬物で失敗した一人として強く実感したのですが、ようやく立ち直ろうとしている時に、このような報道のされ方を目にすると、自分が言われているように思ってしまう。「やっぱり自分はダメな存在だ」と心に重くのし掛かってくる。せっかく立ち直ろうとしている中で、回復に影響するそうです。私が知らなかった、薬物依存症の当事者、そして支援者にとって、こういった報道がどれだけ負担がかかっているかという数々の例が紹介されていました。

放送局で働いていた時に、災害報道や自殺報道ついてのガイドラインは、勉強会などで折に触れ目にすることもありましたが、「薬物報道ガイドライン」については目からウロコというか、残念ながら私にはその発想すらなかった。私は後に自分が薬物事件を起こすにもかかわらず、それほど自分が使っていた以外の薬物に関しては、無知で無関心でした。

その記事を一気に読みました。そして、薬物事件の当事者としてマスコミから報じられる側と、放送局として報じる側、恥ずかしながら両方を経験した身として、この人たちに何か協力できることはないか、と思いました。今から考えると、当時の私は協力するなんて力は全くない状態で、ずいぶん上から見た考え方だなと呆れる限りですが、そんなことを密かに感じました。

しかし、頑張って記事を読んだものの、再び気分が落ち込み、塞ぎ込む生活に入ってしまいます。「薬物報道ガイドライン」を読んだことで、自分が起こした事件でも、薬物依存症の当事者や、その家族の誰かに迷惑をかけてしまったのではないかという恐れや不安を感じるようになったのです。また、こんなにも薬物問題に対して一生懸命に取り組む人たちがいるのに、全く動けなくなった自分はいったい何をやっているのだろうという焦る気持ちが、どんどん湧いてくるようになりました。そして、ついに身動きができなくなっていきます。外出も少なくなり、何をするわけでもなく、ぼーっと一日を過ごすことが多くなりました。これまでの人生、決してメンタルが強い方ではなかったのですが、とりわけ弱い方でもありませんでした。学校や職場でも、問題を起こしたり、巻き込まれたりした時には、自分で克服や解決の方法を探すのが当然だと思っていて、誰かに相談するという発想が全くありません。このメンタルの低調も、自力でなんとかなる、なんとかしないといけないと考えていたのです。

でも、もうすでに自分の力ではどうにかなるものではありませんでした。

自分一人じゃ解決できなかった

記事を読んで２ヶ月が経った頃、飼っていた猫が死にました。まだ京都で新人アナウンサーだった頃から飼うようになったこの猫は、京都、金沢、沖縄、東京とそれぞれの赴任先を連れて回った相棒のような存在でもあったのです。跳躍力も落ち、少し年老いた猫になっていました。病気一つしない健康猫として過ごしていたのですが、朝起きたら後ろ脚をズリズリと引きずってこちらに寄ってきます。驚いて救急の動物病院に運ぶと、血栓のため極めて危ない状態で、即入院。病院で一週間頑張ったのですが、あっけなく虹の橋を渡っていきました。

もちろん、いなくなった悲しさはありましたが、平均寿命を超えていたことや、血栓は予後が悪いと、覚悟を決めていたこともあって、ペットロスはそこまで酷くはありませんでした。でも、製造キットを買ってドラッグを作っていた現場も、マトリのガサ入れも、私の全てを見ていた唯一の存在が死んでしまったことで、喪失と同時にある感情が湧いたのです。もう私に残された道は、グズグズ考えるより、先に進むことしかない。これだけ落ち込んだ状態を救ってくれたのは猫ですかと、情けなくもあるのですが、一つを失うと、新しい一つを得るという言葉もあります。病院から固くなった身体で戻ってきた猫を、一晩中撫でていると、「お前、もういい加減なんとかしろよ」と言われているような気がしました。これは自分一人では解決できる状態じゃない。誰かに頼ってみよう。少しだけ前向きなことが考えられるようになったのは、やっぱりこの出来事のあとでした。

動こう、先に進もうとようやく考え始めたときに、「薬物報道ガイドライン」の人たちなら、ドラッグで失敗した人たちをいっぱい見ているだろう。何かアドバイスをくれるのではないか？　と思いついたのです。

私が使っていたラッシュというドラッグは、依存症のように使用が止まらないといったことがなかったため、医者に行くとか、誰かに相談するという発想が全くありませんでした。後になって、覚せい剤など他の薬物で逮捕された経験のある仲間に聞くと、だいたい警察の取り調べや裁判の過程の中で、専門病院や自助グループなどを紹介されるそうです。ドラッグの性質が違ったためか、私にそういった病院や治療について助言をしてくれる人はいませんでした。自分から助けを求めることができない性格も災いしたと思います。「薬物報道ガイドライン」の記事を初めて目にした時、何か役に立つ助言ができるかもしれないなんて表向きは考えていましたが、本当は私自身を助けて欲しかったのです。

ようやく言えた「助けて」のメッセージ

まず誰に連絡をしようか、とても悩みました。

精神科医の松本俊彦先生は、ネットで名前を検索すると、過去のインタビューやご自身が書いた記事がたくさん出てきて、薬物依存症の専門家としてとても有名な方だということがわかりました。それゆえに、ハードルも高くなりました。放送局で働いていた頃の私なら、すぐに連絡を取って会う段取りをつけていたと思いますが、今回は取材でなく、私個人のことです。こんなに偉い人が私のような人間のために時間を割いてくれるなんて、自尊心が極めて低くなっている中でとても無遠慮に思えて仕方がありませんでした。

では、女性ダルク代表の上村陽江さんか。ダルクといえば、薬物依存の人たちが入る施設ということは知っていましたが、私の使用していた薬物（ラッシュ）で、果たして相手にしてくれるのか。これも不安になりました。

最後に残ったのが、「ギャンブル依存症問題を考える会」の田中紀子さんでした。残ったなどというと聞こえが悪いかもしれませんが、結果的にこの人との出会いが、私の人生を大きく変えていくことになります。そもそも、会の名前からするとギャンブル依存症の人だけど、なぜ薬物問題に……？　という疑問が湧きました。そこで、名前をネット検索をすると、各方面のニュースサイトやブログなどで、田中さんが頻繁に依存症について記事を書いていることがわかります。

記事を読むと、ギャンブルはもちろんアルコールや薬物などなど、依存症全般について世間に対して理解を求めるものや、依存症への誤解に対する意見が痛快に述べられていて、この人なら絶対に話を聞いてくれる！　と直感しました。

ホームページもあったので、気軽にコンタクトを取ることができそうだったのもポイントの一つです。何度も推敲《すいこう》を重ね、次のようなメールを送りました。

田中紀子　様

はじめまして。
元ＮＨＫアナウンサーの塚本と申します。
突然のメールで失礼致します。
ご存知かもしれませんが、
２０１６年１月に、危険ドラッグの所持・製造で逮捕された者です。

少し長くなりますが、どうぞお許しください。

実は以前、田中様が出演されていた荻上チキさんのラジオ番組で発信した「薬物報道のガイドラインを考える」で、田中さんを知りました。

本当に恥ずかしい話ではありますが、報道する側とされる側の両面を知っているものとして非常に興味深く拝聴した次第です。

私が製造・所持していたのはいわゆる「ラッシュ」と呼ばれるセックスドラッグの一つです。

10年ほど前は、合法なものとして普通に販売されていましたが、何年か前に危険ドラッグとして違法なものになりました。

「ラッシュ」に似た合法なものができます！　というネット販売に騙され、簡単な作成キットみたいなものを購入していたのです。

実際、出来上がったものは「合法」なんかではなく「違法」なものでした。

普通に売られていた当時、このドラッグが同性愛者の間で流行したモノだったという背景もあり、報道はどんどん過熱したものに。

弁護士さんから聞いたり、おおよそ想像したりしていましたが、「ＮＨＫ」「アナウンサー」という名前がここまで大きくなるのかと、恥ずかしながら当事者である私は気がつきませんでした。

あれから１年以上が経ちましたが、この間は家族や友人に支えられて過ごすことができました。

両親ともに他界しているため、心配した姉が同居を提案し、その間に生活を立て直すようにと言ってくれたのです。

釈放後、人の目が気になって家から出られない。出てもコンビニや飲食店などの店に入れない。電車やバスにも乗れない。

それでも、なんとか過ごしてきました。

支えてくれた人もいましたが、離れていく人もいました。

落ち込むことも多い中、何より心がけたのは、心まで折れてしまわないことです。良い言い方が見つからないのですが、自分を甘やかして、甘やかして、現実から目を背けていました。

そうして、過ごしてきましたが、1年以上が経ち、次に進むためにはきちんと乗り越えることが必要だとようやく考えるようになってきたのです。

私の事件のあとにも、様々な芸能人の薬物事件がありました。

その度に思うことがあったのですが、それを伝える元気がありませんでした。

今後の仕事については、まだ見つけていません。

アナウンサーという仕事は、もう難しいし、するつもりもありません。

でも、薬物問題についてはライフワークの一つとして取り組んでいきたいと感じるようになりました。

どういう形であれ、何かしらの形で社会に返すことが出来たらと思っています。

とはいえ、自分に何かできることなんてあるのだろうか？　という気持ちも少なからずあります。

そのためには、学ぶことも多いと感じています。


（中略）


今回、こうしてメールを差し上げたのは、田中様がこれまでの様々な活動をしている中で、私が出来そうなことはどんなことか、そのためにはどんなことが必要なのか、アドバイスをいただけないかと思ったからです。

実はこのメールを書くのも２ヶ月くらい悩みました。

失ったもの、迷惑をかけたものは計り知れませんが、もう前に進むしかありません。この気持ちを大事にしたいと、思い切ってメールしました。
長文メール、大変失礼しました。
最後までお付き合いいただきありがとうございました。

塚本堅一

当時、このメール一通出すことへの勇気やエネルギーを考えると、今も胸がドキドキします。逮捕されたあとも、付き合いが途切れなかった友人はいました。けれど、将来のこと、仕事のこと、お金のこと、悩みはいっぱいあった中で、それを相談することができませんでした。その人たちを信頼していないのではなく、そもそも、生きていく上での悩みなどというものは、自分で考えて解決するものだと思っていたのです。そんな考えだった私が、アドバイスをいただけないか、などとメールに書けたのは、本当に驚きます。

人は忘れろと言いましたが、きっと誰かに自分の薬の話を聞いてもらいたかったのでしょう。田中さんから返信はすぐにきました。

塚本様
はじめまして。
メール有難うございました！
塚本様の件は良く存じております。
（中略）
こうしてメールを頂けて本当に嬉しいです。
宜しかったら、一度お目にかかれませんか？
今後、塚本様がどんな方向に進むのがよいか？
また社会で必要とされていることはどんな分野か？
御一緒に考えさせて頂ければ幸いです。
塚本様だからできることがきっとあるはず！

おそれずどんどん表舞台に出るべきです。

お時間御座いましたら是非。

私はフリーランスですので、ご都合あわせられます。
もし会っても良いと思われたなら、携帯にお電話頂けませんか？
宜しくお願い致します。

この返信に、どれだけ救われたことか。何度も繰り返し読みました。こんな自分でも、まだ社会で必要とされることがあるかもしれないと思うと、心の底から嬉しかったのを覚えています。この勢いを失ってはいけないと、教えてもらった番号に電話をして、まずは会ってお話ししましょう。と、約束をしました。

田中さんと会う当日、初対面の人だからと、久しぶりにスーツを着てネクタイを締めると、なんだか少しだけ社会に繋がった気がしました。そんな小さなことでも、気持ちが上がったものです。飯田橋駅近くの喫茶店で待ち合わせをしたのですが、その頃はまだ、知らない店に入ることができなくなっていたので、待ち合わせより早く到着して、店内の座席配置を確認しました。ばったり知り合いに鉢合わせしたら、逃げられる席を確保するためです。

〝ギャン妻〟田中紀子さんとの出会い

初めて会う田中さんは、元気で声の大きい頼り甲斐のあるお姉さんでした。事前に田中さんの著書「三代目ギャン妻物語」を読んでおいたので、この人がギャンブルと買い物依存の沼にハマって抜けられなかった人なのか……と思うほど今は明るい方です。

彼女自身がギャンブル依存症の当事者で、買い物依存も激しかった。そして、ご本人だけでなく、祖父、父、夫と家族三代にわたってギャンブル依存症者という、なかなかの強者《つわもの》です。

何年もかけて、ようやく依存症から回復して、今は「ギャンブル依存症問題を考える会」の活動などを通じて、依存症に苦しむ本人や家族への適切な支援を行う活動をしています。

知らない人と話すのは、久しぶりでしたが、ポツポツと今の生活状況や、どういう経緯で買ったドラッグだったのかなどを報告したところで、田中さんが「塚本さん、大丈夫！

全然問題ないですよ！　絶対、また社会復帰できます！」とはっきり言い切ってくれました。

私のことなんてほとんど知らないのに、どうしてこの人は「大丈夫」なんて言えるのか……。そう思ったのは正直なところです。とはいえ、自分の逮捕について初めて会う人に話したことが全くなかったので、とても新鮮な体験でした。そして、なんだか少し懐かしい感じもありました。アナウンサーという職業柄、初対面の人と話す機会が多く、それが思うようにできない自身の状態にうんざりしていたのかもしれません。気がつくと、二時間以上喋《しゃべ》り通しでした。

この日、田中さんに提案されたのは、ラジオでも登場していた松本俊彦先生の診察をまず受けてみること。それともう一つが、依存症の自助グループなどで行う「12ステッププログラム」を体験しては？　ということでした。そもそも、私は依存症ではないと思うのですが……それでも大丈夫なのですか？　と聞いてみると、12ステップ自体は、生き方やものの考え方を変えるプログラムだから、依存症じゃなくても生きづらさを抱えている人には、誰でも効果がある！　と猛烈に推薦されたのです。

決死の思いですがりついた人が勧めてくれた提案を、拒む選択肢はありませんでした。まずは先生の診察に行きますと決め、丁寧に会ってくれたお礼を告げて、その日は別れます。

初めての精神科

松本俊彦先生の所属する国立精神・神経医療センターを訪れたのは、２０１７年の６月８日のことです。東京都小平市にある病院は、日本で初めての国立精神療養所として１９４０年に開設されました。

自然豊かな敷地は、武蔵野の面影を残していて、梅雨の頃でしたがよく晴れて、木の緑が眩しかったのを覚えています。

事前に面会の予約をした際、松本先生の方から「アナウンサーとして顔を出していたかもしれないけど、今後のことを考えると、特別な個室での診察ではなく、普通の外来診察の方がいいと思うのですが、大丈夫ですか?」と提案がありました。「そもそも私自身が有名だったわけではなく、勧めていたところが大きかっただけなので、その点全く配慮の必要はありません」。と答えました。

受付で初診の手続きをし、これまでの薬物使用経験や、薬物を断ってどれくらいかなどを答えるアンケートを渡されます。待合室の長椅子に腰掛けてアンケートを書いている途中、ふと顔を上げると、待っている人が他にも大勢いました。さすが人気の先生。でも、待合室には薬物依存症としてよく思われがちなヘロヘロなイメージの患者は一人もいません。内科や眼科などと全く変わらない、ごく普通の病院の待合室の風景です。先生の診察室の前で待っているわけだから、なるほど、ほとんどが薬物依存症とみられるということか。だからなんだ、平気だよ。という人もいれば、見られることを気にする人もいるだろうな。ちなみに私は、それよりも病院内に設置されているテレビが全てＮＨＫにチャンネルが合わせられていたことが気になりました。当時まだテレビが見られない心理状態だったから、そちらの方に気をとられ、発作のようにドキドキと緊張したものです。

ちょうどアンケートを書き終えた頃、名前が呼ばれました。初めて入る精神科の診察室は、椅子と事務机、パソコンぐらいしかないガランとした部屋です。「やぁ、どうも。初めまして、松本です。いろいろ大変でしたね～」と明るい挨拶で迎えてくれた松本先生は、写真で見た通りすらりと背の高い、細身の伊達男です。あぁ、この先生も味方だ、と一瞬で感じることができました。もともと人に対してあまり警戒心のない私ですが、逮捕の後は変わりました。でも、田中さんの時と同じように、松本先生にも自分のことを隠さずに話すことができます。自分が使っていた薬のこと、逮捕された時のこと、その後の生活で外出困難になっていること、何もやる気が起きない今の心境などなど。先生は、相槌《あいづち》を打ちながら熱心に聞いてくれました。

一通り私の話が終わると、「塚本さんは、使っていたドラッグの種類や、使用頻度からして依存症ではないでしょう。でも、日常の生活に支障が出ている今の状況を改善するため、月に一度通院して、診察を受けていきませんか？」と勧められました。診断としては、仕事を失ったことや社会的孤立の中でのうつ状態になっているということです。

なるほど、診断名がつくと安心だなと思って快諾したところ、もう一つ、松本先生から思いも寄らない提案がありました。それは依存症の回復施設に通ってみてはどうか。というのです。あれ？　さっき先生は、依存症ではないと言っていたのに、今度は依存症の施設に通えというのはどういうこと？　と混乱していると、畳み掛けるように「病院ではなく民間の施設なので、一度連絡をとって見学に行ってみてください」とパンフレットを渡されます。ようやく「先生、さっき私は依存症ではないと言っていたのに、依存症の施設に通うって、そもそも大丈夫なのですか？」と切り出すと「依存症の回復施設には、塚本さんと同じように薬で失敗した人が大勢います。しばらくその施設に通って、依存症の人たちと一緒に、依存症からの回復プログラムをやってみた方が、僕の診察よりもはるかに効果があると思います」。と強く勧めてくれたのです。

依存症ではないのに依存症の回復施設に通う理由は、さっぱり意味がわからなかったけれど、よく話を聞くと、その施設で行う回復プログラムというのは、田中さんも勧めていた「12ステッププログラム」でした。「同じ施設に通っている私の患者さんがいるので、紹介しますね。その人に連絡を取ってどんな施設なのか様子を聞いてみてください。まぁ、まずは見学に行ってください。また来月お会いしましょう！」と明るく言われ、診察室を後にしました。

不安がないかといえば、嘘になります。依存症じゃない私が、その施設に通って迷惑がかかるのではないかという心配もありました。

でも、この人にかけよう！　と門を叩いた先生が勧めてくれるものは、とにかく試してみよう。まずは施設に通っているという、松本先生の患者さんの一人に会うことにしたのです。

依存症の回復施設を勧められる

その男性は、元々堅い仕事（公務員）についていたのですが、彼も薬物事件で逮捕されたことで仕事は解雇され、その後家族の勧めで例の依存症の回復施設に通っているといいます。

水道橋駅近くで待ち合わせをし、現れたのは、薬物とは縁のなさそうなこざっぱりした青年でした。渡された施設のパンフレットを前に話を聞いていくと、その施設は、正確にいうと障害福祉サービスの「自立訓練（生活訓練）事業所」です。国が定めた福祉サービスの一つで、依存症のためにボロボロになってしまった生活を立て直すための訓練を提供してくれる所。施設を修了したあと、社会復帰して会社で働きたい、体調を安定させて家族の元に帰りたいなど、一人一人の目標や希望に合わせた依存症からの回復の道を歩ませてくれるそうです。

薬物に限ったものではなく、酒やギャンブル、買い物など幅広い依存症の人たちが集まっているのも、特徴の一つだと教えてくれました。利用者でもある彼は、「ほとんどが講義形式で進められていくプログラムだけど、他の利用者さんたちの前で、薬やお酒などの問題があった行為や、自分の体験について話す機会が結構多いですよ。心をさらけ出すようなことは結構大変だし、最初は抵抗があると思いますが大丈夫ですか?」と心配してくれます。「腐っても人前で話す仕事をしていたくらいだし、なんとかなると思います!」などと、心配をよそに、あまり深く考えもせず返事をしていました。しかし、この甘い考えが、この後私を悩ませるようになるとは、少しも思いませんでした。

「大変かもしれないけど、生きやすくなるし、考え方が変わってきますよ」という彼の言葉に励まされ、その日は、別れます。

とはいえ、やっぱり依存症の人たちの中に入っていくのは、不安だなぁ。家に戻って、

愛読者カード

このハガキにご記入頂きました個人情報は、今後の新刊企画・読者サービスの参考、ならびに弊社からの各種ご案内に利用させて頂きます。

●本書の書名

●お買い求めの動機をお聞かせください。

1.著者が好きだから　2.タイトルに惹かれて　3.内容がおもしろそうだから

4.装丁がよかったから　5.友人、知人にすすめられて　6.小社HP

7.新聞広告（朝、読、毎、日経、産経、他）　8.WEBで（サイト名　　　　）

9.書評やTVで見て（　　　　）　10.その他（　　　　）

●本書について率直なご意見、ご感想をお聞かせください。

●定期的にご覧になっているTV番組・雑誌もしくはWEBサイトをお聞かせください。

（　　　　）

●月何冊くらい本を読みますか。

（　　　　冊）

●本書をお求めになった書店名をお聞かせください。

（　　　　）

●最近読んでおもしろかった本は何ですか。

（　　　　）

●お好きな作家をお聞かせください。

（　　　　）

●今後お読みになりたい著者、テーマなどをお聞かせください。

ご記入ありがとうございました。著者イベント等、小社刊行書籍の情報を書籍編集部HP ほんきになるWEB（http://best-times.jp/list/ss）にのせております。ぜひご覧ください。

郵　便　は　が　き

お手数ですが
62円分切手を
お貼りください

171-0021

東京都豊島区西池袋５丁目26番19号
陸王西池袋ビル４階

KKベストセラーズ
書籍編集部行

おところ 〒

Eメール　　　@　　　TEL　（　　　）

（フリガナ）
おなまえ

年齢　　　歳

性別　　男・女

ご職業

会社員

公務員

教　職（小、中、高、大、その他）

無　職（主婦、家事、その他）

学生（小、中、高、大、その他）

自営

パート・アルバイト

その他（　　　　　）

もう一度パンフレットを見ると、表紙の真ん中に「大丈夫、やり直せる。」と書かれているのが目に入ります。当時、まだ後ろ向きの考え方しかできない頃です。「やり直しなんて、そう簡単にできないよ……」

一度、凹《へこ》んでしまった人生の道を、再びちゃんと歩いていけるようになりたい。そのためには、誰かの手助けが必要です。当時の私は、誰かの手を借りるのが、やっぱり嫌だったのかもしれません。

引き続き、ウダウダとパンフレットを眺めていると、施設創設者の名前に見慣れた苗字がありました。「城間さんというと、間違いなく沖縄ネームだな。これは、何か縁があるのかも」。松本先生の紹介だったこともあり、断るという選択肢は頭にありませんでしたが、不安が多かったのは事実です。沖縄との縁だと半ばこじつけのようではありましたが、思い切って賭けてみることにしました。

第5章

依存症回復施設通院

迷惑をかけて謝罪したいと思う人のリストをつくる

依存症の回復施設ってどんなところ？

東京の板橋にある施設「ＲＤデイケアセンター」に見学に行ったのは、２０１７年6月22日のことでした。そこでは「リカバリー・ダイナミクス®」という、依存症回復施設のために作られたプログラムを学ぶことができます。前述の初代施設長である城間勇さんは、アルコール依存症の当事者で、アメリカで「リカバリー・ダイナミクス」の開発者である故ジョー・マキューらからプログラムを学んだそうです。その教えを日本にも普及させるために開いたのが、私の通った「ＲＤデイケアセンター」です。

施設のあるビルの一階には、大きなスーパーマーケットがあります。施設と同じフロアには学習塾や幼児教室もあり、子供たちが賑やかな声をあげて元気に走り回っていました。当時の私の偏見を承知で言うと、こんなにも普通の日常生活がある場所に、依存症の施設があるのかと驚いたものです。

事務所の扉を開けると、私の担当相談員のＳさんが笑顔で迎えてくれました。

Ｓさんは、私にとって初めて出会った覚醒剤の薬物依存症者でした。依存症の当事者でもある彼は、利用者としてこの施設に繋がり、後にスタッフとして働くようになったそうです。これまた偏見で申し訳ないのですが、私の抱いていた薬物依存症者のイメージと全く違う、のほほんとした好青年で、拍子抜けしたのを覚えています。

施設に通うのは、週５回。午前と午後にそれぞれ講義があります。プロバイダーと呼ばれる講師は、みんな依存症から回復した当事者です。講義は、アルコール依存症者の自助グループで利用している「アルコホーリクス・アノニマス」（通称ビッグブック）というテキストを使います。そこに説かれているのが、世界で最も使われている依存症の回復プログラム「12ステップ」というものです。

12ステップは、アルコールや薬物、ギャンブル、買い物など様々な問題行動・行為からの回復に効果があるといわれています。

最初の第１ステップとして「依存症であることを認める」、次の第２ステップでは「自分を超えた大きな力が健康な心に戻してくれると信じるようになる」というように、まずは自分が依存症であることを認め、でも回復できると信じることからスタートします。ステップを進めていくと、これまで生きてきた人生で、今も残っている後悔や恨みを解決させるための「棚卸し」や「埋め合わせ」といったものを行います。ステップを階段を登るよう順番にクリアしていくことで、依存症の人たちがより生きやすくなり、アルコールや薬物に向かわなくなる。なんだ、気持ちの問題かと思うかもしれませんが、これを一人でやるのは並大抵のことではありません。施設では、担当スタッフがマラソンの併走者のように、心の奥底に溜まっている「恨み」や「恐れ」といった感情の洗い出しに付き合ってくれます。自分自身の問題を把握し、それを取り除いていくことで、薬やアルコールに向かわせない考え方が身についていくのです。

他にも知識として、アルコールから始まる依存症の歴史や、依存症になった脳のメカニズムなども学びます。また、行動として、繰り返し行われるスタッフ面談や、自助グループのミーティングに毎日のように足を運ぶことで、「頭」だけでなく「身体」を使って依存症から回復していきます。

ここは私の居場所なのか?

私が通った施設は、様々なアディクション（依存症・嗜癖《しへき》）の人が一緒に利用していました。薬物はもちろん、アルコールや、ギャンブル、クレプト（窃盗）、買い物依存や、恋愛依存の方もいました。仕事を休職して依存症からの回復に向き合うサラリーマンもいれば、依存症とうつを併発して、なんとか社会復帰を目指している人、家族の支えの元で通う主婦など、背景は様々です。皆、パッと見たところ依存症の当事者とわからない点が共通していました。もう一つ共通していることがあります。それは、ほとんど全員と言っていいほど、イジメや虐待、差別、親から続く依存症の連鎖など、自分ひとりでは解決できない、根深い生き辛さを抱えてここにやってきているということです。

主治医の松本先生の診断でもあるように、私自身は依存症ではありません。薬物事件を起こしたことからうつになり、その回復のために施設が有効だと認められ、通所が許されました。しかし、アルコールやギャンブルなど薬物以外のアディクションについては、私にとってほとんど知らないことばかりです。最初は、ちょっとした潜入取材のような感覚で過ごしていました。

そんな態度では、問題が出てきます。施設での生活が、全く身に入ってこないのです。施設では、体験を語ることで自分を見つめ直すプログラムが毎日のようにあり、その中には酒や薬がどうしても欲しくなる話や、やめたいのにパチンコが止まらないという依存症特有の辛さが頻繁に出てきます。依存症の回復施設ですから、私以外の人は全員立派な依存症者です。こういった依存症の症状の一つである、薬や酒が欲しくてたまらない欲求も、止まらなくなる連続使用（飲酒）も私には経験がありませんでした。私だけがわからないし、共感できない。モヤモヤする気持ちを抱えながら「みんな大変なんだなぁ」と、どこか他人事に感じる日々が暫く続きました。

また、発言をする際に「依存症の塚本です」と必ず名乗らなければならなかったことも、自分の中で引っ掛かった一つです。12ステップの一番はじめに「アディクションに対して無力であり、生きていくことがどうにもならなくなったことを認める」というステップがあります。依存症の人にとっては、この「認める」ことが何より難しいと言われています。依存症の症状が進んでいくと、本当は飲むのも打つのも辛いのに、楽しかった昔の記憶から、まだまだ酒やギャンブルをやり続けたい。また普通に飲めるようになると信じ込み、依存症であることを全力で否定します。だからこそ、認めることが重要で、自分が依存症であると認められないと、その先に進むことができない大事なステップと考えられているのです。そのため、自ら認めるという意味を込めて「依存症の塚本です」と自ら名乗るのは大事なことでした。私だけ言わないわけにはいかないし、でも何だか嘘をついているような気がして、申し訳ないような複雑な感情です。

担当のSさんに「薬物の問題がある塚本と名乗るのではダメですか？」と提案もしましたが、「その方が、他のみんなが動揺するのでやめましょう」と言われました。今思うと、利用者の仲間たちは、こんな私に文句ひとつ言わずに受け止めてくれたことに感謝しかありません。「あいつは依存症ではないと公言しているのに、なぜこの施設にいるのか！」と感じた人もいたかもしれませんが、そのような声は私の耳に一切入ってきませんでした。みんなの配慮にもかかわらず、「ここは本当に自分の居場所なのだろうか？」と私は思い詰めるようになります。

共感が私を変えた

状況が変わったのは、施設に入って２ヶ月ほど経った頃です。

月に一度行うプログラムの進捗状況を確認する面談中のことでした。相談員の方に、改めて私の悩みを話したところ、「依存症か依存症でないか、そんなに大切なことですか？薬物で問題を起こして仕事を解雇され、生活が立ち行かなくなった。ここにいる他の仲間と、そんなに違いはないと思いますよ。もっと共通点を探してみてはどうですか？」と諭されたのです。

確かに松本先生も施設に送り出す時に、「薬物で失敗した仲間がたくさんいる」と言っていました。せっかく施設に入って、やり直す決心をしたつもりでしたが、どこか心の中で「自分はこの人たちとは違う」という、いやらしい意識があったのかもしれません。この言葉がきっかけとなって、少しだけモヤモヤしたものが晴れた気がしました。どうして自分はこの依存症の施設に通っているのかということを、ようやく真剣に考えるようになったのです。

施設のみんなとの共通点を探してみると、結構たくさん出てきました。酒が止まらなくて会社をクビになり、今もその会社のある場所を歩けないという人。私も放送センターのある渋谷は、知り合いに会うと思うと怖くて歩けません。同居している家族に対して、負い目がある人もいました。私も2年限定の予定だった姉との同居を解消できていないという負い目があります。

共通点について、もう一つ印象に残っている出来事がありました。ある日「お互いの共通点と相違点を探してみよう」というグループプログラムをやった時のことでした。５人くらいのグループで、最初のうちは、血液型とか、スイーツが好き？　なんて、他愛のない共通点をワイワイ探していたのです。すると、突然仲間の一人が「死にたいと思ったことがある人は？」と聞いてきました。

私も含め、全員の手があがります。一瞬だけ空気がシンとしました。すぐに誰かが「でもよかったね。死ななくて」とつぶやいたことで、また元の賑やかな会話に戻ったのです。この出来事は、私がここにいても良いのだと、初めて感じることができたものでした。

これまでの人生を振り返ると、生きていく上で、人と共感することにあまり意味を感じていなかったように思います。学生の頃は、「アナウンサーになるために個性を磨け」と言われ、アナウンサーになったらなったで、「良いアナウンサーになるには個性を大事にしろ」と言われ続けてきました。私は当時、個性というものを、人と違うことが良いことだと思っていました。そもそも「個性的」であることと「共感を大切にする」こと自体、同列にするものでもありません。遅ればせながらようやく人と共感することが悪いものじゃないと、気がついたように思います。

毎日自助グループに通う

日中は、デイケアとよばれるこの施設で過ごしました。そして、夜は毎日自助グループのミーティングに通うことが施設のルールで決まっています。

依存症の人にとって、施設はあくまで一時的に通うところです。いつかは施設の利用を修了して、社会や家庭に戻ることが求められます。そこで必要になってくるのが、薬物やアルコールなどをやめたい人たちが集まる自助グループです。海外のドラマなどを観ていると、依存症の自助グループのミーティングの描写があるので、シーンを想像できる人も多いかもしれません。参加者が車座になって、一人一人が順番に話していくアレです。

完治することはないといわれる依存症の人が、一人でやめ続けるのは困難を極めます。そこで、同じ悩みをもつ人たちが定期的に集まって、薬物やアルコールを断った生活が続けられるよう助け合っていきます。やめ続けるのを相互で見守るコミュニティのようなものです。どのようなことをするかというと、基本的に、言いっぱなし聞きっぱなしで一人語りをします。誰に非難されることなく、薬や酒にまつわる過去の体験や、今自身が抱えている問題などを話すのです。飲みたい！　使いたい！　という日常生活ではなかなか言えない本音の気持ちを、正直に打ち明けられるのも大事な要素です。もちろん、飲んじゃった。使っちゃったという告白もあります。そして、１日、１ヶ月、３ヶ月、半年とやめ続ける期間が延びていくことを、皆で祝います。痛みや苦しみだけでなく、喜びも分かち合う。これだけで、止まるものなの？　と思うかもしれませんが、結構効果はあります。毎日どこかのミーティング会場が開いているので、いつ使いたい、飲みたい、パチンコしたいという欲求に囚われてしまうかわからない依存症の人たちにとって、再使用を防ぐための大事なセーフティネットとして役割を果たしています。

私が最初に行ったミーティングは、教会の一室を借りた会場で自宅の近くにありました。少し時間に遅れて到着すると、すでにミーティングは始まっていて20人くらいの人が椅子に座っていました。年齢や性別もバラバラ。一見では何の集会かわからない雰囲気です。緊張もあり、ミーティングが始まっても暫く話すことができませんでした。他の参加者はどのようなことを話すのか聞いていると、薬に関することも話しますが、仕事で感じる不満やストレス、家族に対してなかなか言えない愚痴など様々です。現役で働きながら通っている人も多く、話す内容も施設とは少し違いました。私も仕事をしている時、こんな風に言いっぱなし聞きっぱなしで話せる場所があったらよかったのに、なんてぼんやり考えていると、「今日は新しい仲間が来てくれました。良かったら一言お願いします！」と突然紹介されてしまいました。

話したくなければ、パスしても良いというルールはあったのですが、施設の担当Sさんから「ぜひ自分の話をしてきてください」と送り出されたこともあり、自分が危険ドラッグ（ラッシュとは何となく恥ずかしくて言えなかった）を持っていた罪で逮捕されたこと、仕事をクビになったこと、いろいろなものが怖くて外に出られなくなったことなどを短く話しました。そして、初めて参加した証として、記念のキータグをいただきました。言いっぱなし、聞きっぱなしなので、特に感想やアドバイスを言われるわけでもなく、ただ自分の話をしただけでしたが、緊張もあったのでしょう。ミーティングの終わりに「また来てくださいね」と隣に座っていた、やや強面の男性に声をかけてもらえた時、ようやくホッとしたのを覚えています。これが、私の自助グループ初体験でした。こうして、施設と併せて自助グループのミーティングにも毎日のように通い続けることになります。

自助グループは、基本的に匿名のアノニマスです。依存症の自助グループならではの配慮として、素性がわからないようにすることで、依存症に対する外の偏見から守り、メンバー同士の平等を保つなど、様々な意味があると聞きます。私にとっても、元の職業に縛られずに気楽に通えることは魅力の一つでした。

自助グループに通っているというと、元アナウンサーだってバレないの？　と友人に聞かれることもあるのですが、そもそも東京のアナウンス室で仕事をしていた期間は、たったの1年ほどだったし、道を歩いていても顔バレすることは皆無です。私自身は全く問題ありませんでした。自助グループの仲間たちの中には、薄々気がついていた人もいたようですが、会場でそんな話をしてくる人は一人もいません。アノニミティを守るというのは、こういうことかと感心したものです。

薬物の自助グループには、処方薬や市販薬依存の方もいますが、ほとんどが覚醒剤など違法薬物に問題がある人たちで、もちろん逮捕された経験のある人も大勢います。昔からの友人と、逮捕のことを話しても、どこか周りを気にしたり、どこまで話していいものか探り探りだったりしましたが、そういった気兼ねをすることなく話せる人が自助グループには大勢いました。

ミーティングが始まる前の雑談で、薬物事件で逮捕された人が海外旅行で入国が難しい国、入りやすい国はどこ？　どこの留置場だった？　留置場の自弁（自分で買った弁当）は何を食べていた？　などなど、逮捕された時の経験をここまで普通に話せる場所は他にありませんでした。薬で失敗したのは私だけじゃないと思えることに、どれほど救われるか。目に見えて存在することは、とても頼りになったし、薬で大変な思いをしたかもしれないけれど、再び社会に戻って働いている人を実際に目にすることで「私も社会復帰できるかもしれない」という希望が持てるようになっていきます。

ガイドラインは本当だった

ある日、いつも通りミーティングに参加していると、一人の男性が再び薬を使ってしまったと告白し始めました。その何日か前に、ある人気俳優が薬物事件で逮捕されたのですが、その逮捕を報道するテレビのニュースを見て、薬物欲求のスイッチが入ってしまったそうです。注射器や白い粉といった映像を見たことで、どうにも欲求が止まらなくなり、売人を探してドラッグを購入し、再使用してしまったとバツが悪そうに話していました。

　これは、まさに松本先生たちが「薬物報道ガイドライン」で提言していたことです。現実で起きるということを初めて目の当たりにして、どうやって帰ったかよく覚えていないほど怖くなりました。なぜなら前述の通り、私の事件を報じる際にも、覚醒剤のような白い粉や注射器も、かなりの頻度で使われていたからです。もし、私の事件を報じるニュースの映像を見て、再び薬を使ってしまった人がいたら。それがきっかけで、逮捕されるようなことがあったら。連続使用が止まらなくなって、死んでしまったら……。妄想にどんどん囚われていくのです。

　これが、施設に通う前だったら、一人で悶々と悩んでいたところですが、翌日は予定通りデイケア施設に行きました。担当のSさんに相談すると「確かに同じような理由で再使用してしまう人は、結構多いですね。何が再使用のトリガーになるかわからないから、私は冗談でも注射を腕に刺すような仕草はしません。一旦スイッチが入ると止まらなくなるのは、わかっていますから」と教えてくれました。そして、私の不安に関しては「それで捕まった人がいるかどうかは、今のところ知りようもない先取り不安であることだし、万が一この先生きていく中で、お前のせいで再使用した、という人が現れたとしたら、その時に謝るなり対応すれば良いことじゃないですか?」と極めて冷静なアドバイスをしてくれました。なるほど、確かにその通りかもしれません。おかげで、少し落ち着くことができました。でも、何より驚いたのは実際にガイドラインに書いてあったことが、目の前で起こったことでしょう。

実はこの体験、この一度きりではありませんでした。この後も何度か同じように、TVの薬物報道がきっかけで再使用をしたという仲間を目撃しました。それは、先ほどの人のように映像がきっかけだったり、逮捕された有名人への非難を自分自身への非難と重ね合わせてしまい、不安から欲求が湧いてしまったりと様々です。いずれにしろガイドラインを読んで知識として知っていたものの、薬物依存症の当事者にとって、こうした報道が再使用のきっかけになるという現実を初めて目の当たりにしました。

人生の棚卸しをしよう

私が施設に入って、一番期待していたものが「棚卸し」や「埋め合わせ」というプログラムです。ビジネスでいう棚卸しは、在庫や品質の定期的な調査のことですが、ここで行う棚卸しは、いわば人生の棚卸しです。生きるという商売をする上で、アルコールや薬物によって商売はまさに破産寸前。一つ一つ問題を点検することで、商売を続けられるようにしていきます。

具体的にどのようなことをするかというと、幼少期から始まり、学生、社会人と人生を過ごした中で、今も思う「恨み」「恐れ」「傷つけた人」の出来事や名前をどんどん書き出し、リストを作っていきます。

そもそも、長年感じている恨みや恐れなんてものは、思い出したくない出来事が多いのですが、人によっては、何百人とリストに名前が出てくることもあるそうです。

恨みのリストに、中学校時代にオカマっぽいと私を馬鹿にした同級生の名前があれば、傷つけた人のリストには、私が起こした事件で迷惑をかけた上司や同僚の名前が大量にありました。ゲンナリするやら、腹が立つやら、あまり気乗りのする作業ではないのは確かです。こうしてリストにした上で、今度は一つ一つの恐れや恨みの出来事に対して、これは自分の本能の中のどのような部分が傷つけられたのか。怒りや恐れの中には、自分の方に誤りや欠点はなかったか、というところまで細かく確認していきます。そうすることで、自分の感情の傾向が見え、欠点がわかります。その上で、捨てるものは捨てていくのです。

結果、私の欠点は次のようなものでした。

・人に弱みを見せない
・頭を下げるのが嫌
・自分でなんとかしたい
・わがままで仲間意識が薄い
・セクシャリティに関することに反応してしまう
・自分への期待の高さ
・決めつけが多い
・常に新しい別のものが欲しくなる

自分の欠点をこれだけはっきり指摘されると、清々《すがすが》しく感じます。納得するものもあれば、言われてなるほどと気がつくものもありました。依存症の人にとっては、この恨みや恐れから見えてきた欠点を刺激されると、アディクションに向かってしまう傾向があると言われています。どんな時に、恨みや恐れが出てくる傾向があるのか。自分の中でどんな感情が湧いてくるのか。それにどうやって対処すればいいか。欠点だとわかれば、弱みとして見せよう。頼ってみようと、対処の方法も上手くなります。これは、施設を修了した後でも役に立つようになりました。

そして、その次に進む作業として「埋め合わせリスト」の作成でした。

逮捕から1年が経つ頃、ようやく迷惑をかけた人に謝ろうと考えたのですが、自分一人でそれを行う勇気が出ませんでした。いい大人なのに、つくづく情けない話ではありますが、「ちゃんと方々に謝らなければいけない！」と思いつめた挙句、プレッシャーに潰されてしまったのもわかっています。そもそも一体誰に謝ればいいの？　ということを探っていくわけですが、今度は一人ではありません。これを全て一人でやるとなると、気の遠くなる作業ですが、静かに寄り添ってくれる担当のSさんがいます。自分だけでは感情的になる作業も、リストに基づいて冷静に判断してくれるため、着々と進めることができました。

この埋め合わせリストというのも良くできていて、「恨み」「恐れ」「傷つけた人」のリストから、「今」「たぶん」「後で」「できない」の4つに分けていきます。

自分の中で、埋め合わせしたいと思っていても、相手が亡くなっている、連絡が取れないなどという事態もあります。また、ただ謝ればいいというものでもなく、埋め合わせをすることで、逆に相手を傷つけてしまう場合もあります。こちらの一方的な謝罪では、埋め合わせの意味がありません。そういった場合、例えば出さない手紙を書いたり、相手が亡くなっている場合などは墓参りをしたり。その判断もSさんと一緒に進めていきました。具体的に、私のどういう行動で、どのような迷惑がかかってしまったのか。それについて自分はどう思っているのか。今後どうしたいと思っているのか。自分の気持ちを再確認します。

還る場所ができた

最初に埋め合わせを行ったのは、一緒に住んでいる姉でした。埋め合わせは、何について謝りたいのか、それについてどのように思っているか、今後どのように行動していくのかを具体的に伝えます。

私が起こした薬物事件で、精神的な不安を与えてしまったこと。仕事先にも知られ迷惑をかけたこと。私が社会復帰できるように応援してくれたのに、その期待に応えられなかったこと。２年限定といった同居を解消できていないことを詫び、もう少しだけ同居を延長し、その間に生活を立て直すと提案しました。姉は黙って聞き終わると「施設に通うまでは、不機嫌で家にいるし、どうなっていくのかやっぱり心配だった。依存症でないのに、施設に行くのも最初は理解できなかったけど、見違えるように変わったから、もう大丈夫だろうと思っている。あとは、あなたの好きなようにやりなさい」と言ってくれました。

逮捕後、姉からは私に対する愚痴を一切聞いたことがありません。喧嘩もしていません。でも、私の不機嫌や不満はバレていたようです。そんな私を支えてくれた姉に、普段の生活で口にしないような謝罪や感謝、現状報告ができたのは、とても良い区切りになりました。

これ以降、私のペースで徐々に埋め合わせを始めています。埋め合わせのリストに入っているかつての同僚たちの中には、私と会うことで難しい立場になるかもしれない人もいます。でも、いつか埋め合わせができるとしたら、こう伝えようと紙に書くだけで、心がだいぶ落ち着きました。街中のどこかで会うかもしれないという、恐れも徐々に薄れていきます。

逮捕当時から、ずっと日本中に迷惑をかけてしまったという思いから自分を責め続けてきました。でも、自分を責めることと、自分の内面と向かい合うことは違うと教わり、ようやく自分の中の恐れや不安と向き合い、本当に謝りたい人が見えてきたのかもしれません。

昼は依存症の回復施設、夜になると自助グループのミーティングに参加することで、心がどんどん軽くなっていきました。施設での生活は、合わせて9ヶ月にも及びましたが、週5日の通所から週3日、2日と通う日数を減らして、緩やかに施設に頼らない生活を送れるようにしていきます。

共同作業のプログラムでは、みんなであれこれ言いながら依存症にまつわるオリジナル寸劇を作って発表しました。年末には、施設の利用者とスタッフ総動員で大掃除もやりました。講義が終わってから夜の自助グループのミーティングまでの間、みんなでのんびりアイスを食べながら、プログラムの進み具合を報告し、将来の不安を語り合いました。なんだか、かつての学校のようでもありますが、学生時代の私は、こういう学生らしいことを馬鹿にして、サボることばかり考えていました。そんな私が、この歳になって依存症の施設に通い、施設の仲間と過ごすことで心の平穏を取り戻すことができたのです。施設のスタッフの方が、「美味しい肉を食べたとして、その肉が次の日に体のどこの部分の栄養になったかなんてわからないですよね。依存症の回復施設も同じで、どのプログラムが効いた！　というよりも、終わってみると、何だか元気になって回復しているものですよ」と言っていましたが、まさに私にもその通りのことが起こったのです。

通い始めの頃は、まだ電車に乗るのが怖く、マスクをしてちょっとした変装をしていました。でも、あちこちのミーティング会場を回る間に、電車移動の機会も増え、いつの間にか電車の恐怖が消えていました。人混みの中を歩くとパニックを起こし、座り込むことも多かったのが、施設に通って半年ほど経った頃からほとんど気にならなくなりました。何より嬉しかった回復は、再び人と会話ができるようになったことかもしれません。

担当スタッフのＳさんは、私の担当が決まった時に、何があっても私を他の依存症の利用者と変わらず接して、同じようにプログラムを受けてもらおうと決めたそうです。「塚本は依存症じゃないから、まぁ大丈夫だろう」なんて配慮は一切なかったおかげで、皆と同じプログラムを無事に終えることができました。

Sさんは、施設に通う最後の日に「ここは、いつ帰ってきてもいい場所です。元気になった姿をいつでも見せに来てくださいね。それは、依存症から回復途中の人にとって希望になりますから」と言って、私を再び社会に送り出してくれました。

逮捕によって、足を踏み入れることができなくなった場所はたくさんできましたが、そんな私にとって、久しぶりに帰る場所ができた喜びは、何にも変えられないものとなりました。

第6章

どん底からの立て直し

依存症イベントの司会依頼と依存症予防教育アドバイザー

私にどんな仕事ができるのか

私が初めて仕事らしい仕事を経験したのは、16歳の頃です。高校でアルバイトは禁止されていましたが、ちょうどその頃から芝居を観ることにはまり、劇場に通う小遣いを稼ぐため通学途中のアイスクリーム屋で働き始めました。会社員の家庭に育ったため、家業を手伝うという経験もなく、初めての接客仕事に興奮したのか、バイト初日に鼻血を出した（幸いアイスには入らなかった）のを覚えています。それ以来、様々な仕事をしてきました。喫茶店の店員、配送センター、ポスター貼り、箱詰め工場、骨董屋の丁稚、デパートの店員、劇場スタッフ、あげればきりがありません。大学の学費は自分で払うという約束だったため、毎日のように働いていたし、働くことも好きでした。もちろんＮＨＫに入局した後は、13年間アナウンサーの仕事しかしてきてません。それでも、過去に様々な分野の仕事をしてきたこともあり、なんとか仕事にはつけるだろうと心のどこかで思っていたものです。

新しい仕事を探す。そう簡単にはいきませんでした。

解雇の後、知り合いの会社でアルバイトはしていましたが、安定した収入を目標にハローワークにも通います。でも、どうしても面接までたどりつくことができません。

そもそも、アナウンサーという仕事はしていたけれど、他にどんな仕事ができるでしょう。

アナウンサーは、テレビに出ているだけでなく、経理処理などの事務仕事も結構ありました。伝票処理など、他の同僚に比べると早く得意な方でしたが、事務仕事を専門でやっていたかというと違います。となると、やはり営業や接客業でしょうか。でも、人に会う仕事はもう無理かもしれない。

アナウンサーとは、本当につぶしがきかない仕事でした。やっぱりゼロからはじめる仕事を探していこうか。

なんとか仕事につけるなんて、甚《はなは》だ甘い考えでした。一体この先、何をして生きていけばいいのだろう。施設でプログラムを受ける前の私は、この悩みから解放されることがありませんでした。子供の頃からなりたいと願っていたアナウンサーという職に就いたものの、自分のせいでクビになり、この歳になって新たな職業を考えるということは、一筋縄ではいかなかったのです。

そんな私の社会復帰の第一歩は、とても恵まれたものになりました。

施設に通い始めて2ヶ月くらい経った頃、「ギャンブル依存症問題を考える会」の田中紀子さんから電話がありました。「塚本さん、施設はどうですか？　プログラムは順調に進んでいます？」なんて他愛ない話の後に、「実は今度、うちの団体が開く依存症のフォーラムがあるんだけど、塚本さん司会やってくれないかなと思って。よければ施設の人に聞いてみてくださ〜い」と明るく聞いてきます。

いやいや、逮捕以来大勢の人が集まる所は絶対に避けていたし、ましてや司会なんて絶対に無理！　と断ろうとしたのです。でも、これまで散々私の話を聞いてくれ、松本先生や、回復施設に繋げてくれた恩人である田中さんの頼みを無下にするのは心苦しい。しばらく考えて「ひとまず施設の担当に聞いてみます」と電話を切りました。

もう今後、絶対にやることはないと思っていた司会の依頼です。

「急な誘いだな（本番まで一週間を切っていました）。代わりの司会が見つかるといいけど、何より施設のプログラム中だから許可は降りないだろう」。施設に通っている間は、何をするにも担当スタッフの確認・相談が鉄則で、休みの日に友人と会うのも、その都度どんな人と会うかなど担当スタッフに確認をして許可をもらっていたほどです。まずは、担当のSさんに相談しました。するとSさんから「プログラム中ではありますが、施設長の許可が出ました！　滅多にない機会だし、やってみるのもいいのでは？　これも何かの縁ですよ！」と予想に反して前向きな答えが返ってきたのです。「とはいえ、一番大切なのは塚本さんの気持ちなので、一晩考えてみたらいいと思います」と、いつも通り冷静なアドバイスをしてくれました。無理をしないという前提でしたが、施設の許可が出て外濠《そとぼり》が埋まってきます。すると、少しでも役に立てるのであればという気持ちも湧いてきました。

まぁ、そんなに大きくない会場だろうし、フォーラムといっても、討議を仕切るファシリテーターは田中さんがやるというから、私は式全体を進行させるだけ。せっかくの機会だしやってみるか。翌日、それぞれに引き受けると返事をしました。

不安だらけの2年ぶりの司会

ところがこのフォーラム。詳しく聞くと、日本のカジノの行方が注目される中、各政党の国会議員が参加し、政党ごとにギャンブル依存症の対策も含めた意見を討論するという、なかなか規模の大きいイベントだったのです。忙しい国会議員のスケジュールがなかなか固まらず、登壇者が全て決まって詳細が見えてきたのは、前日の夕方でした。田中さんの事務所で打ち合わせを行っていると、今回はマスコミの注目度も高く、テレビ・新聞各社から取材の申し込みが続々ときているのが判明します。田中さんは「やった～！　大勢来て欲しいな～」。などと無邪気に喜んでいました。これは、えらいことを引き受けてしまった……。私には不安しかありません。私の不安は、主に三つありました。

一つは、元のように人前で喋れるものか。もう一つは、万が一誰かが私のことに気がついて、また記事になったりしないか。そして、最後の一つは、登壇する国会議員から私のような薬物犯罪者が司会をする会に呼ぶなと、田中さんのところにクレームが入ったりしないか、というものです。

一つ目と二つ目に関しては、不安の材料にはなりましたが、正直私の問題なので、ある程度の覚悟をしていました。でも、三つ目の田中さんの所にクレームが入るかもしれないという不安は、もうこれ以上私のことで他人に迷惑をかけたくないという気持ちが強かったからです。散々同僚のアナウンサーに、私の事件で謝らせてしまったことは、今でも悔いています。議員からのクレームなんて、今思うと妄想に近いものではありますが、当時の私は本気でそのような抗議がくるかもしれないと思っていました。そこで、田中さんに正直にそのことを相談すると「あー、そんなこと気にしていたのか〜。全然問題ないですよ。そもそも、そんなことで差別するような国会議員がいたら、私がブログで文句言ってやる！」と、なんとも頼もしい答えが返ってきます。

でも、私がそこまで気にしたのは、わけがありました。登壇する予定の国会議員の一人、日本維新の会の片山大介議員をよく知っていたのです。実は、私が金沢放送局で勤務をしていた当時、彼は記者のデスクで、３年くらい一緒に働きました。記者とアナウンサー、職は違いましたが、地方局だとアナウンサーも泊まりや早出勤務が多く、記者とのやり取りも頻繁です。人の少ない土日の勤務時には、みんなで昼飯の出前を頼んで、世間話をしたものでした。その後何年か経って、私が東京に転勤になり、番組で一緒になったこともあります。「今度ゆっくり飯を食べに行きましょう」なんて約束をした数ヶ月後、私は逮捕され、そのまま途絶えてしまいました。ネットで調べると、片山さんはその後、ＮＨＫを退職して議員になったそうです。全然知らない議員ならまだしも、３年近く一緒に仕事をした人がこのタイミングで登壇者に……。解雇以来、職場の人とは関係を断っていたから、局内での反応など、私の知らないことが、耳に入るかもしれないという怖さもありました。

もし、当日片山議員が、登壇直前に私のことに気がついて怒り出したら……。不安の妄想は、どんどん広がります。とりあえず、私が出ることだけでも事前に伝えてくれないか。フォーラムの準備で忙しい田中さんに、とんでもなく面倒くさいお願いを託して、私は事務所を後にします。その夜、「片山議員、オッケーでした！　明日よろしくお願いしまーす！」と短いメッセージが田中さんからあり、少しだけほっとしたものの、久しぶりに寝付きの悪いまま当日を迎えました。


もう一つの不安として、再び記事になって騒がれたら、またＮＨＫに迷惑がかかるかもしれない。そう考えた私は、かつての先輩経由で、アナウンス室に一報を入れることにしました。「依存症関連のフォーラムで、司会をします。マスコミ各社が来るため、久しぶりに私が出てくることで記事にされるかもしれません」。万が一記事になった時、情報が入っているかどうかで、アナウンス室の対応も違ってくるだろうと思ったのと、最後の義理を通したかったのかもしれません。

間に入ってくれた先輩経由で、次のような返事がありました。

「あなたは、もうＮＨＫの人間ではないので、関係ありません」

我に返るとは、このことでした。その通り、私はもうＮＨＫの人間じゃない。一見すると突き放したようにも聞こえますが、私にとってこれ以上ない開放感をもたらす言葉でした。

もちろん、懲戒解雇の辞令も直接当時のアナウンス室長から受け取っていたし、頭ではわかっていたのですが、心がついていなかった。そう、私はもうＮＨＫの人間ではないから、誰に気兼ねすることなく自分で自分のやることを決めていいのです。そんな当たり前のことに、この時初めて気が付きました。ようやく目が覚めたと言っていいかもしれません。

元上司は続けて「塚本君、体調を崩していたみたいだけど、大丈夫？」と私の身体の心配をしてくれたそうです。あれだけ迷惑をかけたにもかかわらず、いい上司に恵まれていたなぁと、改めて感謝と、後悔と、申し訳ない気持ちが入り混じった複雑な気持ちになりました。

とはいえ、こうしてせっかく自由になったわけですから、あとは私の進みたいように人生を歩けばいい。

依存症のフォーラムの司会だし、別に悪いことをするのではないのだから、正々堂々と司会をしてこよう。

夜のフォーラムだったので、日中は普段通り施設で過ごし、夕方になって会場の赤坂に向かいます。到着すると、すでに人が集まって、フォーラムの準備をしていました。私は、とにかく緊張していました。座っていられなくて、ブツブツ声に出して台本を読みながら、舞台裏をひたすらウロウロと歩きます。会場には、ほぼ全ての局が集まっていました。最後列には、テレビカメラ用の大きな三脚が立てられ、準備をしています。かつては日常だった取材の景色も、今では恐怖の対象でしかありません。並んだカメラを見ると、自分が検察に送られた時の様子をフラッシュバックで思い出してしまいます。少しでも目を慣れさせておこうと、舞台の袖からカメラを一つ一つ目で追って「大丈夫、今日は私を撮りにきたわけじゃない」と、なんとか自分に言い聞かせました。

いよいよ開始の時間が近づき、司会の台につきます。そこから見える最前列の座席に、この後登壇する予定の国会議員の方たちがスタンバイしていました。片山議員を見つけると、一瞬目が合い、頷いて合図をくれました。あ、大丈夫だ。特に言葉を交わした訳ではありませんでしたが、それまで感じていた恐怖心が消えていき、安心して司会を始めることができました。

サプライズは大成功

「ただいまより、『ＮＰＯ法人 全国ギャンブル依存症家族の会』設立フォーラムを始めます」。

よかった。最初のコメントは、間違えることなく言えました。

久しぶりにマイクを通した自分の声の大きさや、声のトーン、話すテンポなど、式典司会の進行を思い出しながら、再確認するように進めていきます。ところが、進行の途中である事態に気がつきました。シンポジウムの登壇者の発言や、基調講演の内容などを受けて、私なりの感想コメントを短く挟もうとしても、どうにも自分の言葉、単語が出てこない。あー、うー、と言葉が詰まってしまうのです。２年間、人と話すことを極端に避けて生活していたのだから、当然と言えば当然かもしれません。

この日の私は、一つ一つのコメントを間違えることなく読み上げるという、司会者として最低限のことしかできませんでした。かつてできていたことができなくなるのは、堪えます。やっぱりダメだったか。たった一度のことでしたが、改めて現実を知って、もう戻ることはできないのだと痛感しました。

フォーラムの終盤、サプライズがありました。主催の田中さんの挨拶が終わると、「実は今日の司会は、かつて薬物事件で騒がせた元NHKアナウンサーの塚本さんでした！」と改めて会場の人たちに紹介されたのです。事前の打ち合わせで、「最後に塚本さんのことを少し紹介したいので、冒頭の自己紹介は特にしないでくださいね」と田中さんから言われていたので、ある程度のことは想定していたのですが、ステージの上にあるスクリーンには、私の名前と写真がボンと大きく映し出されています。これは予想以上に大きなサプライズだなと驚いていると、フォーラムが終わって帰ったはずの片山議員が、舞台袖に立っているのです。それは、田中さんから「彼の社会復帰のきっかけとなる最初の一歩の場なので、ぜひ一声かけて欲しい」という要望に、片山さんが快く応じてくれたものでした。

舞台に戻った片山議員からは「とても心配していたこと」、「これから何をするにしても、応援している」と励まされただけでなく、花束まで手渡してくれたのです。

ひとまず、サプライズ大成功！　となったわけですが、この日機会があったらどうしてもしたいことがありました。それは、世間に対して謝りたかったのです。とはいえ、そういう趣旨の会ではないし、最後に紹介された時がタイミングかなと機会を窺っていました。サプライズで、ぼうっとした頭をなんとか引き戻して、ようやく切り出します。「2年前、私は危険ドラッグの所持・製造で逮捕されました。私が起こした事件により、世間を騒がせてしまったこと、申し訳ありませんでした」。ずっと考えていた言葉を、同僚のアナウンサーでなく、ようやく自分の口から謝ることができました。私自身、半信半疑だったにしろ、あまりにも迂闊に怪しいサイトに手を出してしまった。言い訳なんかできないほど、迷惑をかけた人がいるのはまぎれもない事実です。でも、具体的に誰に迷惑をかけたのか、到底わからない。謝ることができないまま、その後の人生に突入してしまったのは、私にとって、心の清算ができない理由の一つだったのかもしれません。その後、何を話したのかよく覚えていないのですが、とにかく壇上で謝り倒していたそうです。

楽しむことを忘れていた

フォーラムが終わると、登壇していた一人で、依存症問題に取り組んでいる精神科の蒲生裕司先生に声をかけられました。「塚本さん、今日はお疲れ様でした。あなた舞台上でずっと謝っていたけれど、社会に対してそんなに大きい迷惑をかけたわけじゃないからね。楽しむことが回復につながると思うから、まずはこれから楽しむことを始めてみたらいいと思いますよ」

世間を騒がせ、多大な迷惑をかけてしまった私は、楽しむべき人間なんかじゃない。何をしても心の何処かに、この気持ちがこびりついていました。解雇の後に心配してくれた友人に誘われて、気分転換にご飯を食べに行ったり、旅に出かけたりもしましたが、「楽しむ」気持ちは少しも湧いてこなかったのです。蒲生先生から指摘されるまで、「楽しむ」感覚がすっかり抜け落ちていたことにすら気がついていませんでした。色々なことがありすぎた、久しぶりの司会は無事に終わり、高揚感から知恵熱のようにふわふわした心地で帰宅します。

逮捕以来、決めていたことがあります。自分が起こした事件だから、決して泣くまい。でも、この日は珍しく夜の風呂場で泣きました。風呂ですすり泣く中年なんて、恥ずかしい限りではありますが、居候の身で他に泣く場所もありません。でも、こんなにあたたかい社会復帰の機会を作ってくれたのは、感謝しかないと思うと、涙が止まりませんでした。

施設のプログラムである「棚卸し」は、このあと随分先のことになりますが、その前にこういう場で謝罪をする機会が与えられ、きちんと自分の言葉で謝ることができたのは、とても大きな一歩です。ちなみに、この日の私のことを記事にしたマスコミはゼロ。やっぱり、私の知名度なんて所詮こんなもんだろうと、これまた清々しいものでした。

もし、私に家族の支えがなく、生活に切羽詰まった状況だったなら、死ぬ気で次の仕事を探していたのかもしれません。薬物事件で逮捕された後でも、生きていくためにすぐに仕事をしなければならない人も見てきました。しかし、自分の中のモヤモヤした気持ちを解決する前に新しい仕事を始めていたら、私はいずれにせよ心のバランスを崩していたでしょう。施設に通いプログラムに取り組み、ようやく心の状態を整えることができたのです。

９ヶ月に及ぶ施設での生活は、守られている安心感もあって、とても居心地がいいものでした。とはいえ、家族から自立し、毎日ちゃんとご飯を食べていけるようにするためには、外に出て社会と繋がっていかなければなりません。厳しい現実もあるでしょうが、これればかりは仕方のないことです。以前は、ハローワークに通ってもなかなか面接にたどりつけずに焦る気持ちから、自分自身が潰れてしまいました。でも、今では潰れる前に誰かに相談したり、自助グループで自分の気持ちを話したりすることで、立て直す方法を教えてもらっています。他にどんな仕事ができるだろう。とりあえず、ハローワークで虱潰《しらみ》しにあたってみるかと考えていた所、再び新しい出会いがありました。

ラッシュで裁判を!?

施設の利用が終わった翌日のことです。久しぶりに会う友人と、近況報告がてら昼飯を食べていると、「そういえば、ＬＧＢＴ支援法律家ネットワークっていうセクシャル・マイノリティ問題に取り組む団体の弁護士の一人が、塚本さんと同じようにラッシュで逮捕された人を探しているよ」と、友人が切り出します。突然のことで驚いていると「詳しくはわからないけど、なんだかラッシュを輸入したとかで仕事をクビになった人がいて、今度裁判で争うそう。もしよかったら、塚本さんもその弁護士に会ってみませんか？」と提案されました。

「まだ逮捕される人がいるんだね。反面教師（私）から学びましょうよ」と、冗談混じりで言葉を返しましたが、到底他人事とは思えませんでした。私の騒動があれだけ大きかったにもかかわらず、まだラッシュで逮捕されている人がいたことに、驚きました。「私だけは捕まらない」という薬物使用者によくある思い込みか。あるいは、私と同じようにサイトに「安心」などと書いてあったのを半信半疑で買ってしまったのか。

覚醒剤やコカインなど、依存性の高い薬物で逮捕された場合、警察やマトリから、施設や病院、自助グループを勧められることが多々あります。それがきっかけとなって、同じように薬で失敗した人たちと出会うことができるのです。でも、ラッシュで逮捕された場合は、ほぼ間違いなく病院や施設を勧められることはありません。私は幸いにも、運よく回復施設にたどり着くことができ、心の健康を取り戻すことができましたが、ラッシュで逮捕された人の多くは、一人で抱え込んで辛いだろうなという気持ちが湧いてきます。迷惑をかけた人に埋め合わせをしながら、ゆっくり自分のペースでこの先の仕事を考えていこうと思っていたところでしたが、施設を卒業した翌日という絶妙なタイミングに、これまた何か縁のようなものも感じて、前述の弁護士に会ってみることにしたのです。

お会いした弁護士の森野嘉郎さんは、長年LGBTの人権を守るために様々な事件の弁護をしている方でした。日本の同性愛をめぐる裁判として有名な「府中青年の家裁判」（注）の弁護団の一人でもあります。あの裁判の判決が出た当時、私はまだ大学生で、バディなどのゲイ雑誌で裁判の報告記事を読んだのを覚えていました。

（注）「動くゲイとレズビアンの会（通称アカー）」が、1990年に東京都教育委員会が所轄する宿泊施設「府中青年の家」を利用したところ、同じ日に宿泊した他団体から差別的な言動や嫌がらせを受けた。施設側に善処を求めたが適切な対応はなく、その後施設の利用を拒否される。これに対し、東京都に賠償を求めた。6年にわたる裁判は一審二審ともにアカーが勝訴して判決が確定する。

控えている裁判というのは、次のようなものでした。地方公務員として働いていたヒデさんという男性が、2016年の1月に海外からネットでラッシュを購入しようとしたところ、税関で引っかかったそうです。家宅捜索の後、職場にその事実が知られて、すぐに懲戒免職処分となりました。助けを求められた森野弁護士は、そもそも有毒性がほとんどないラッシュの輸入で懲役や懲戒解雇の処分を受けるのは刑が重すぎるのではないかと常々感じていたそうで、ヒデさんと一緒に刑事裁判で無罪を主張し、懲戒処分の取り消しを求めて公平委員会に審査請求をしたといいます。森野弁護士の他に、同じく「府中青年の家裁判」の弁護団だった中川重徳弁護士や、他に若い弁護士が二人と、すでに弁護団としての体制も整っていました。

「実は、国がラッシュを規制する際、ラッシュによって中枢神経にも影響があるといっていますが、国が参考にした資料などを詳しく調べてみると、疑問点が非常に多かったんです。そんな状態で決定された規制にもかかわらず、逮捕者はすでに1000人を超えている。塚本さんもそうだけど、それで職を失う人もいるというのは、あまりにも社会的な損失が大きいのではないかと思うんですよ」。森野弁護士は、穏やかな表情ではありましたが、静かに怒っているなと思いました。「塚本さんに具体的にどうこうしてほしいというよりも、同じような罪で逮捕された人たちのネットワークみたいなものができたらどうかと思っているのです」

森野弁護士の話を聞いているうちに、ヒデさんが羨ましくなりました。裁判の結果次第では、また元の職場に戻れるかもしれない。私も勾留中に、どうして争う気持ちにならなかったのか。そんな後悔もよぎりました。聞くと、ラッシュについて学術的な情報が少なく、定期的に弁護団で勉強会を開いているそうです。「ヒデさんにも会って欲しいので、ぜひ一度勉強会に来てみてください」と誘われ、その日は事務所を後にしました。

家に帰る地下鉄の中で、せっかく施設に通ったことで自分の心も落ち着いてきたのに、寝た子を起こすようなことにならないかな。と少し心配になりました。でも、さすが弁護士は説得が上手です。私と同じようにラッシュの件で逮捕された人が1000人以上もいることに驚いたし、その人たちがまだ苦しんでいるかもしれないと思うとやりきれません。ヒデさんに会ってみようと決めるのに、そう時間はかかりませんでした。

恐れていたゲイコミュニティからの反発

翌週行われた勉強会で、初めてヒデさんと会うことができました。ヒデさんは、私より少し年上で、懲戒免職処分について実名報道されていなかったこともあり、友人や実家の家族など、あまり多くの人には仕事を辞めた理由について伝えていないそうです。裁判や将来の不安を話せる人は、ごく限られていたといいます。私は、報道もあり大勢に知られてしまったけど、人知れず処分が下った人は、むしろ辛い場合もあるだろうな。ヒデさんとは、同じ穴のムジナ……と言いますか、やはり痛みを知っている分、打ち解けるのは早かったです。

私だって、施設は修了したものの、まだ居候の身で、将来を考えなければならないことは変わりありません。彼は彼で、裁判の結果を思うと次の仕事を探す就職活動も難しい。月に何度かあった勉強会の帰りの道、お互いが抱える将来の不安を話すようになりました。

暫くすると、「ラッシュで逮捕された人たちを集めてトークイベントを開きたい」という話が出てきました。あれだけ人気を博したラッシュが、違法なものとなり、１０００人を超す逮捕者が出ているにもかかわらず、なかなかその経験を話す人はいません。逮捕者は減少傾向にあるものの、ゼロではない。

その現状を考えると、ラッシュとは一体どのようなものかということを整理する必要があるのではないかというのです。私も逮捕のときに感じたのですが、ラッシュに関する情報が、あまりにも少ないというのが現状です。覚醒剤や他の危険ドラッグなどは、その効果や影響、果ては使い方まで情報が蔓延しているのですが、ラッシュに関してはほとんどなく、一番詳しいことが書いてあるのがウィキペディアという状態でした。担当した弁護士もラッシュのことを全く知らない人だったので、どういうものか一から説明するのに苦慮したのを覚えています。ヒデさんの裁判の資料として、各国から集めたラッシュに関する情報を、今後ラッシュで捕まった人たちが、裁判で使えたら助かるだろうという理由から、「ラッシュの規制を考える会」というホームページを立ち上げ、資料を掲載することにしました。

トークイベントはその年の9月に行われました。5月に施設を修了し、ハローワークに通いながら、次の道を探している途中ではありますが、これも自己開示の訓練になるかもしれないと思って、腹をくくります。会場は、新宿2丁目にあるＤｒａｇｏｎ Ｍｅｎというクラブ。実は、ここのオーナーであるＫＥＮさんも、我々と同じくラッシュの所持で逮捕された経験のあるお仲間でした。

トークショーでは登壇者の一人として、自分の経験を語ってくれることになっています。若い頃は、毎日のように飲みに歩いていた新宿２丁目という場所で、まさかこのようなイベントに出るようになるとは、人生どうなるかわからないものです。実は、逮捕以来恐れていたものの一つが、ゲイコミュニティからの反発でした。私の事件の報道では、ラッシュがゲイの間で浸透していたという背景から、面白おかしく書かれるゴシップ記事もたくさんありました。私自身が責められるのは仕方ないとしても、ゲイコミュニティにとっては疎ましかったに違いないと考えていて、それこそ石でも投げられるのではないかというくらい怖かったのです。

本当はどうなの？　ラッシュの現状

１ヶ月にも満たないくらいの短い告知期間だったので「まずは関心がある人たちに伝わればいいね」と話していました。ところが、当日は台風が関東地方を直撃するという最悪の天候にもかかわらず、満員御礼で80名を超える人が集まったのです。ＬＧＢＴ関連のＷＥＢメディアや雑誌の取材もいくつか入り、イベントとしては上々でした。

この日は、自分の体験を話すだけでなく、司会もさせてもらいました。ラッシュがテーマのイベントで、私が司会をしなくてどうするのだと感じたし、2丁目コミュニティの人たちに、ごめんなさいという埋め合わせのような気持ちもありました。

当日は、HIVの支援活動に長年取り組んでいる「ぷれいす東京」の生島嗣さんと、「日本薬物政策アドボカシーネットワーク」の古藤吾郎さんが、これまで培ってきた世界各地のHIV支援や薬物対策などを行っている団体とのネットワークを通じて調査したものを報告してくれました。世界の他の国では、ラッシュがどのような扱いになっているのか。アジア（台湾、中国、韓国など）、欧米の国々を対象にリサーチしたところ、アジアでは一定の販売規制はあるものの、使用・所持で逮捕する国は日本以外にはないということでした。欧米の国でいうと、イギリスでは、かつてラッシュの規制が議論になった際に、オープンリーゲイの議員が、「私はラッシュの愛好家ですが、これは健康に危害を加えるものじゃない」と強く反対したそうです（この議員の発言動画がBBCのサイトに残っています）。イギリスでは、今も規制されることなく販売されています。

健康被害についての報告もありました。イギリスの医学雑誌「ランセット」で発表された、薬物使用の人体への有害調査によると、ラッシュの有害性は20物質中の19位。ちなみに、有毒性１位はヘロイン、２位がコカイン、５位がアルコールで、タバコが９位という結果でした。

ラッシュが指定薬物に入ったのは、２００６年（施行は２００７年）のことです。当時、合法ドラッグなどが社会的に流行し、その中のひとつとしてラッシュが指定されました。しかしラッシュは麻薬や覚醒剤などのような薬物とはまったく異なる作用を持つものです。果たして、その中にラッシュを入れる意味がどれだけあったでしょうか。

ラッシュをきっかけに、ゲートウェイドラッグとして、その先にある覚醒剤など、より危険な薬物に手を出してしまうという意見もあります。確かに、そういう意味では私もドラッグに対しての危機意識が低かったから、普通の人だったら怪しいと思うようなサイトに軽はずみに手を出してしまったのかもしれません。でも、何十年もラッシュだけで楽しんでいたのに、ラッシュを締め出したことにより、その先のドラッグに進んでしまったという人も少なくありません。進んだのは自業自得なのかもしれませんが、これだけ有害性や依存性が弱いものを法律でここまで厳しくする意味はなんだろう。

こういうデータを突きつけられると、「こんなものに人生を狂わされたのか……」という後悔が、心の底から湧き上がります。


とはいえこのイベントは、再びラッシュを解禁して欲しいなどという主旨ではありません。日本におけるラッシュの現状を知ってもらうことが目的なので、実際に逮捕されると、どのような事態になるのかというのを、それぞれの体験談から知ってもらいました。


まずは、Ｄｒａｇｏｎ ＭｅｎのマスターのＫＥＮさんです。ＫＥＮさんは、過去最大の１５６本を所持したとして２０１６年の3月に逮捕されました。所持だけでなく譲渡も疑われ、66日と長期の拘留だったそうです。結局、執行猶予付きの判決で刑が確定します。

独居房でとても辛かったこと、面会にきてくれた妹さんが、泣きながら私が代わってあげたいと言っていたことなど、ＫＥＮさんは訥々《とつとつ》と語ってくれました。

私の場合、留置場は雑居房だったので、同部屋の人たちとの会話が、どれだけ気を紛らわせるものか知っています。ゲイだとわかると独居にされる場合も多いそうですが、ＫＥ

Nさんは、２ヶ月の間たった一人で悶々と過ごしていた。これは、よほど追い詰められただろうな。同じドラッグでの逮捕でも、それぞれのドラマがあると、しみじみ聞いていました。次はいよいよ私が話す番がやってきます。

施設の中では何ヶ月もの間、自分の体験を語ることを繰り返してきましたが、百名近いほぼ知らない人を相手に自分の話をするのは、やはり勇気がいることでした。始まる前は、本気で石をぶつけられるかもと怯えたほどです。でも、この会場にいるほとんどの人が、かつてラッシュを使ったことがある（想像ですが）。というのは、ホームグラウンドというか、不思議な安心感のようなものもありました。

「初めてラッシュを使用したのは、ちょうどこの会場から歩いて30秒ほどのところにあるホテルSでした……」

このような話からスタートし、合法と巧みに書いてあったサイトから買ってしまったこと、効き目が薄かったので、どうせ偽物だろうという思いもあったことなど、包み隠さず話しました。

メディア取材も入る公の場で、自分がどのような買い方をしていたのかを話すのは初めてです。保身のために、騙されたアピールをしているのでは？　と思われるという恐れもありました。でも、そうやって騙されることがあるというのを、きちんと伝える方が重要だと感じたので、あえてそのまま話しました。

結果として、罰金刑となり、仕事も家も失って、うつに陥り、ようやく依存症の回復プログラムを経て、社会につながれるまで回復した。この2年間を20分でまとめるのは至難の業でしたが、なんとか終えることができました。心配していた石も、飛んできませんでした。

自助グループの仲間が何人か会場に来てくれたのですが、「仕事の話をするタイミングで、ケンさん（自助グループで私はそう呼ばれています）必ず泣くんだよね。この人、よっぽど仕事が好きだったんだなと改めて思ったよ」と感想を言われて、気がつきました。そうなんです。仕事が楽しくったって、私生活が充実していたって、どこかご褒美が欲しい時もあって、私にとってラッシュは、久しぶりに楽しみたかった選択肢の一つに過ぎなかったんだけど、どこで選択を間違ってしまったのか……。

次のヒデさんは、前述の通り、２０１６年1月にラッシュの輸入未遂で税関に引っかかりました。２０１７年5月に警察の家宅捜索があり、職場に本人確認の連絡が入ったため、警察の捜査の結論も出ないまま、１週間も経たないうちに懲戒免職処分になったそう。その年の7月に起訴され、以前から面識のあった生島さんに相談し、森野弁護士と出会い、これはおかしいと声を上げることを決め、弁護団が結成されました。

ヒデさんは実名報道されていないため、マスクをつけての登壇でした。でも、マスクの下からでもわかるほど毅然とした声で語っていたのが印象に残っています。

私は、裁判になって、セクシャリティやら何やらが明るみに出るのを極端に恐れていました。セックスドラッグであるラッシュの性質上、そうなることはわかっていたからです。そんな状況で、このように戦う覚悟ができたのは、何より強いと思うし、私もこうなりたかった。でも、それは叶いませんでした。最初の頃は、ヒデさんのことを羨ましいと思う感情もありましたが、この頃にはすっかり消えていました。

ヒデさんだって、葛藤や悩みをたくさん抱えている中で、裁判に臨んでいる。その覚悟を知ると、羨ましいなんて感じる方が、浅はかです。私が裁判を続けるのは、到底無理でした。間違いなく途中で潰れていたでしょう。この手の裁判は、概ね長くなります。私のできることといえば、ヒデさんの悩みを聞くことくらいだけれど、ムジナの縁として繋がった裁判を、最後まで見守ろうと、話を聞きながら強く思いました。

私なんかが学校で教えていいのか

二時間にわたるイベントは、無事に終了です。どっと疲れ……ではなく、心地よい疲労感と達成感がありました。何度も言いますが、このイベントは、ラッシュを解禁して欲しいという趣旨ではなく、日本ではどのような背景で指定されたのか。その上で、いま輸入なりで捕まるとどのような罰を受けるのかという現状を改めて伝えることです。それが、啓発に繋がればいいという思いがありました。ウェブ記事の反響がとても大きく、何日にもわたってアクセス数がトップだったそうです。関心の高さがわかりました。ホームページを通じて、逮捕された人たちからも問い合わせが、ポツポツ入るようになります。やはり経験者が語るメッセージは強いものでした。

実は、このトークショーでもう一つ大きな収穫がありました。観客として話を聞いていた一人の方が、のちに連絡をくれて、自分が働いているインターナショナルスクールで、生徒に人前で話すコツを教えてくれないかというのです。トークショーでも感じていましたが、まだまだ自分の言葉が出てこない状態が続いていました。私の方が教えて欲しい……。でも、アナウンサーとして仕事をしている時も、自分で喋るより、後輩たちに教える方が向いていると感じていたので、密かに自信はありました。とはいえ、どうしても考えてしまうのが、保護者や先生は、私のような薬物犯罪者が生徒に教えて大丈夫なの？ということです。率直に尋ねると「校長先生は、使っていたドラッグの話をキチンとしたら、問題ないと言っていました。保護者も平気です」という返事です。またしても断る理由がなくなってきました。そもそも、仕事を選んでいる場合でもありません。これもまた縁の一つだと、飛び込むような気持ちで、週に一度アカデミックスピーキングの外部講師として、子供たちに教えることにしました。

インターナショナルスクールといっても、授業は日本語です。生徒の中には、日本語がまだ上達途中の子もいるので、その子たちが日本語で話す際の言葉遣いも見て欲しいという要望もありました。

初日の授業のテーマは「自己紹介」です。みんなの前で話す訓練として、生徒たちに2

分という制限時間の中、実際に自己紹介をしてもらいます。

お手本として私も自己紹介をしよう。改めて考えると、いまの私の自己紹介が非常に難しい。これまでの自己紹介といえば、大学で歌舞伎の勉強をしたあと、NHKに入局し、京都、金沢、沖縄、東京の局歴という具合で、なんとなく自分の中で決まりを作って、そこに時事のネタや季節、自分に起きた出来事などをまぶしていきます。

そのプロフィールに、薬物事件を起こして逮捕→クビ→うつになる→回復プログラムを受ける→ようやく社会復帰。という歴史が加わりました。自分で言うことに抵抗はないのですが、果たして、初めて会う子供たちの前でするべき話だろうか。これは流石に、悩みました。でも、今の子は自分でなんでも調べることができる。この後何ヶ月も毎週会って一緒に過ごすのに、私の名前を検索されて他から知られるより、自分でキチンと話した方がよっぽどいいだろう。学校の先生に許可を取った上で、最初の自己紹介の時に、逮捕歴やその後の生活も含めて話しました。さすがに2分じゃ収まりきれず、先生なのに手本にならないプラス2分のタイムオーバーをしましたが、生徒たちは、騒ぐことなく真剣に聞いてくれました。そして、何事もなかったように、生徒たちの発表に移っていきます。

生徒たちの自己紹介は、将来の夢などを語る子もいれば、自分の趣味を話す子もいました。そして、何人かの生徒が、過去に他の学校でいじめられていた話や、不登校になった頃の話など、私の話に触発されたのか、かなり深いパーソナルなエピソードを含んだ自己紹介をしてくれたのです。

この日、聞く人に何を伝えたいかを意識して、自己紹介で話す内容を考えて欲しいと教えました。

私が自己紹介にあえて逮捕歴を入れたのは、薬物事件を起こして逮捕されたけど、回復プログラムを通じて克服した「安心」な人だということを、生徒たちに伝えたかったからです。

恐る恐るではありましたが、生徒に隠さなかったことで、私の気持ちはとても楽になりました。とはいえ、あくまで教育の場です。自分だけ楽になっていいことでもないでしょう。13歳から18歳まで幅広い年齢の生徒たちの混合クラスなので、どこまで理解されるのか心配でした。

しばらく経った頃、生徒たちにあの時の自己紹介のことを改めて聞くと、「薬物のことをもっとちゃんと知りたい」などと思っていたそうです。

アカデミックスピーキングでは、みんなの前で一人ずつ模擬面接をしてみたり、自分の好きな本を3分間でプレゼンしたり、週に一度のクラスですが、毎回成長していく子供たちを見るのは、とても楽しみでした。でも、何より嬉しかったのは、学校というオフィシャルな組織が、私の過去の仕事も、犯した罪も含めて受け入れてくれたことだったのかもしれません。

ライフスキルが大切な依存症予防教育

学校で教えるようになって2ヶ月が過ぎた頃、依存症関連のフォーラムで以前に名刺を交換した今成知美さんから、久しぶりにメールが届きました。今成さんは、アルコールや依存性薬物をはじめとする依存関連問題の予防に長年取り組んでいる特定非営利活動法人「ASK(アスク)」の代表で、2013年に成立したアルコール健康障害対策基本法の成立に尽力した、この業界では知る人ぞ知る方です。

メールによると、依存症に関する「予防教育アドバイザー」という資格の養成事業を新しく始めるそう。その第1期生を募集中で、興味があれば申し込んでみませんか? というお誘いでした。

調べてみると、新設される資格「依存症予防教育アドバイザー」は、アルコールや薬物、ギャンブルといった依存対象についての「正しい知識」はもちろん、依存症は回復する病気だという認識を広めたり、依存症の予防に必須と言われる「ライフスキル」を教えたりすることが目的だそう。

その人材を育成する講座が２日間にわたって行われ、テストを経た結果、資格認定となります。

確かに、私が子供時代に受けた依存症教育を振り返ると、恐怖を植え付けるものしかありませんでした。いわゆる「ダメ絶対！」教育です。薬物やアルコールの害や怖さを伝えるもので、今の日本ではほとんどの方がこの教育しか受けていないと思います。

ところが、恐怖を植え付けたところで手を出してしまう人は必ず出てくる。そうやって「ダメ絶対！」教育から取りこぼされ、結果として依存症になった人がどうやってそこから回復するのかということを、日本ではほとんど教えてきませんでした。そのため、依存症に対しての間違った知識や偏見が消えない状態だと、松本俊彦先生の講演で聞いたことがあります。先生曰く「ダメ絶対だけじゃダメ！」だそうです。

なるほど、この「依存症予防教育アドバイザー」の中で重要視している「ライフスキル」というのは、これまでになかった視点だし、私自身も勉強になるだろう。これは、申し込んでみるか。

エントリーをする際、「アドバイザーに認定されたら、どのような所で広めていくか」という記入箇所がありました。せっかく学校で教え始めたことだし、まずは今のインターナショナルスクールから始めていきたいと書きました。選考は無事に通過し、養成講座を受講できることになります。


初日の講義は、事前に配布された依存症に関する学習テキストを基に進んで行きました。「脳の仕組みと依存症」という項目から始まり、アルコールやカフェイン、ドラッグといった「依存性薬物のデータベース」、ギャンブルやゲーム、インターネットといった「行為系のデータベース」、依存症の基礎知識の中でも、押さえておきたいポイントをかけ足で学びます。

合格すると、このテキストを基にして、基本的に自分一人で依存症について教えていかなければならないので、聞く方も真剣です。

２日目は、いよいよ「ライフスキル」の講義でした。私はこれまで生きてきた中で、自分のライフスキルは高い方だと思っていました。人とうまくやる処世術みたいなものが、長けているからです。自分で言うのもなんですが、40年生きてきて、人間関係のトラブルがほとんどありませんでした。友達と喧嘩という類も、仕事をしている頃、先輩や上司と揉めたなんてことも、ほとんど記憶にありません。流石に、小さい揉め事くらいはありますが、大きなトラブルに発展する前に、揉めないように火種を消す。自分が納得いかないことでも、揉めるくらいなら自分を曲げて、人に合わせて生きてきました。でもこれは、処世術というより、ただの世渡り上手です。この日教わったライフスキルは、やはり違うものでした。

そもそもライフスキルとは、衣食住などの「リビングスキル（生活能力）」とは違い、日常の問題や課題に対処していくための「心理・社会的な能力」といわれています。つまり、人とうまく付き合い、日常生活における苛立ちやストレスに対処するスキルのことで

す。WHO（世界保健機関）は、20年以上前からこのライフスキルの重要性を訴えていま
す。ライフスキルが身についていないと、自分の気持ちをうまく伝えたり、辛い時にどう
していいかわからなかったりします。確かに、私は人生で最も辛い時、どうしていいか全
くわからずお手上げでした。そもそも、自分の感情に向き合うという発想が抜けているの
です。そこは、回復施設で気づかされた点でもあり、依存症とライフスキルが密接な関係
なのも頷けます。

たとえアルコールや薬物、ギャンブルなどのリスクを知っていたとしても、友人に誘わ
れて断れなかったり、辛さから逃げるために危険な行動をとってしまったりということが、
往々にして起こります。実は、これが本当に多いのです。ライフスキルとして断る能力を
身につけていたらどうだったのか。その点からも、知識と一緒にライフスキルを伝えるの
はとても重要だといえます。講義では「関係をこわさないNO！（断り方）」など、ロー
ルプレイを通して受講生も一緒に考えていきました。

2日間みっちり講義を受けた後、テキストを中心に出題される試験を受けます。

そして、めでたく合格した29名が、「依存症予防教育アドバイザー」の１期生として認定されました。１期生の内訳をみると、依存症の当事者や、家族、看護職などの支援者はもちろん、弁護士や薬剤師といった専門職から、現職の市議会議員、刑務所の刑務官など、それこそ書ききれないほどの幅広い職種の方たちが、全国各地から集まりました。

認定されると、専門家の先生たちが監修した、パワーポイントなどのオリジナル資料が配布され、それをもとに、自分でどんどん講座を開いていくことができます。交流会も開かれたので、これからどのようなところで活動していきたいのかそれぞれのメンバーに聞きました。航空会社に勤務する方は、パイロットの飲酒問題が相次ぐ中、社内での啓発活動が求められているそうです。また、消費生活アドバイザーの資格を持つ人は、債務相談などの際に、ギャンブル依存症が疑われる相談者も多く、同じ資格を持つ人たちに、ギャンブル依存の正しい認識を広めていきたいと話していました。

一見、依存症にあまり関わりがないような職の方でも、実は身近なところに依存症は潜んでいるものです。

「依存症予防教育アドバイザー」としての活動は始まったばかりですが、早くも注目されていて、私にも徐々に講義の依頼が来るようになりました。全国に散らばっている各地の

1期生たちも、地域の学習会や、企業の依頼など様々な場所で、積極的に講義を開いています。

私が、初めてギャンブル依存症問題を考える会の田中紀子さんにメールを送った時、「薬物の問題をライフワークにしたい」と書きました。薬物をやめ続けていける理由の一つになるだろうと感じて、そのように書いたのですが、ライフワークにするというのは、具体的にどういうことだろう。自分でも具体的にその先が見えませんでした。それが、今回「依存症予防教育アドバイザー」の認定を受けたことで、ようやくライフワークとして、少しだけ形が見えてくるようになってきました。

第7章

違法薬物と報道

逮捕された者として社会に貢献できることは何だろう

薬物事件を起こした者として伝えたいこと

逮捕され、湾岸警察署で取り調べを受けた初日。マトリのE取締官から言われて思い出した「あとみよそわか」という言葉があります。

「跡を見て、もう一度確認せよ」「そわか」は成就の意味の梵語《ぼんご》です。作家の幸田文のエッセイでこの言葉を知りました。文豪の幸田露伴が、娘の文に対して家事の最後にこの言葉を呪文のように唱え、仕上げを確認するようにと躾《しつけ》の一環として教えたものでした。この言葉には、家事だけでなく「自分自身の行いに対して、責任を最後まで全うするように」という少し深い意味もあるそうです。

私は、解雇という実質的な処分は受けたけれども、自分が犯した失敗を、一人では振り返ることができませんでした。社会人としての責任もとることができなかったのです。自尊心が崩壊し、もっともっと自分を罰したらいいと思っていました。より罰を受けることで、目に見えない誰か（それは世間なのでしょうか）に許してもらえると感じていたのかもしれません。

でも、依存症の回復施設に通って、回復プログラムを受ける中で、施設の担当スタッフと、あるいは依存症の仲間たちと一緒に「あとみよそわか」することで、ようやく自分の現状を冷静に見ることができました。

清廉《せいれん》性が求められる公共放送のアナウンサーという職でありながら、私はあまりにも怪しいものに手を出してしまった。その失敗の反省は十分しています。

他人の口に蓋をすることはできないし、バッシングは仕方がないのかもしれません。とはいえ、バッシングが大きすぎて、私が本当に謝らなければならない人たちに、きちんと落とし前をつけることができなかったのです。

冗談のようですが、本気で全国民に謝らなければならないと思い詰めていました。これを一人で抱え込んで解決するなんて、到底できるものではなかった。にもかかわらず、本来の性格からか、一人で悩み悶え苦しんだ結果、うつになり、この世から消えて存在が無くなることばかり考えていました。幸い、田中紀子さんや松本俊彦先生、施設や自助グループの仲間に出会うことができ、大げさではなく命を救ってもらったと思っています。

この本の執筆中、電気グルーヴのピエール瀧さんが薬物事件で逮捕されました。九段下にあるマトリから湾岸署の拘留という私と全く同じコースだったこともあり、知名度は天と地ほど違う方ですが、自分のことのように固唾《かたず》を飲んで状況を見守りました。

当初、いつもの薬物報道と同じくらいのバッシングだろうと思っていましたが、多方面で活躍している瀧さんだったからか、いつも以上に過剰なものになっていきました。コカインの入手の方法、果ては使い方まで紹介するテレビ番組もあったほどです。

事件から数日経ったある日、松本先生と田中さんが、荻上さんのラジオ番組に出演し、改めて「薬物報道ガイドライン」について特集の中で話をすると耳にしました。

私が、二人を知るきっかけとなった番組です。かつて、この番組が「薬物報道ガイドライン」を取り上げてくれたことで命を助けられたと感じている私は、少しでも役に立てることはないかと、いてもたってもいられませんでした。そして、番組にメッセージを送ることにしたのです。私が自身の薬物事件の後、メディアに対してメッセージを発信したのはこれが初めてのことでした。

リスナーの皆さん、こんばんは。

私は、３年ほど前に危険ドラッグの所持や製造の罪で逮捕されました。

ほとんどの方は忘れてしまっているくらい、私の知名度はなかったものの、所属していた組織、アナウンサーという職業もあって、私の起こした薬物事件について大きく報道されました。

その後、家族や友人の支えもあり、衣食住はなんとか保つことができましたが、仕事は見つかりません。

時間が経てば解決するだろうと思っていましたが、どんどん気持ちは後ろ向きになり、外に出られない、人と話せない、と状況は悪くなっていきます。

これが自分の犯した罪の重さなのかと考えるうちに、精神のバランスを崩してしまいました。

そんな中、偶然この番組で提言した「薬物報道ガイドライン」について知りました。

マスコミとして報じる側、事件の当事者として報じられる側、恥ずかしながらその両方を経験しましたが、この人たちなら、こんな自分でも救ってくれるかもしれないと、気持ちを振り絞ってコンタクトをとったのを覚えています。

その後、松本先生の勧めもあって、私自身は依存症ではないものの、依存症の回復施設で回復プログラムを受講する機会を与えられ、ようやく心の状態も回復し、社会復帰を始めることができました。

ここまで3年かかりました。

事件当初、もうこの世から存在がなくなって、いなかった人になりたいと願いましたが、しばらく経つとそんなことは到底無理だとわかります。

それなら本当に死んでしまった方がいいのではないか。そう考えるようになりました。

何も死ぬことはないと、今の私ははっきり言うことができます。

タネを蒔いたのは自分かもしれませんが、そこまで追い詰められたのも事実です。

今の状況で、瀧さんのことを応援してほしいというのは心情的に難しいかもしれません。

でも、どうか追い詰めないでください。

自分を責めて、彼が命を落とすなどということが絶対に起こりませんように。

塚本堅一

どうしても伝えたかったのは、このバッシングで命を落とすこともある、ということです。「そんなバッシングに耐えられなかったら、芸能人になるな！」「そもそも薬に手を出すな！」という意見は無視してでも、今の時点で、瀧さんには味方がいるということを、本人なり関係者の誰かに知ってもらうことができたらという気持ちが勝りました。

地の底にも差し伸べられる手を

番組の終わりの方に、リスナーからのメッセージという形で読まれた短いコメントだったにもかかわらず、「ラジオを偶然聴いた」といって、逮捕以来、初めて連絡をくれたかつての同僚たちが異常に多かったことに驚きました。もしかして、祭りのように大騒ぎする一連の薬物報道にウンザリしている人は多いのではないか？　そう考えていた矢先、ピエール瀧さんに対する風向きもみるみると変わっていきます。

これまでの処分と同様に、出演作品の配信出荷の停止や、事務所の契約解除などはあったのですが、出演された映画の一つは、代役もなくノーカットで公開されました。そして、周りの人たちの反応も、これまでとは違ったものになっていきました。

電気グルーヴのメンバーである石野卓球さんは、一切謝罪をしない、というこれまでの常識を覆す態度を見せてくれました。このことについては、ワイドショーなどでかなり批判も多く上がりましたが、ファンからは大いに賞賛が集まりました。実はこれ、依存症の回復プログラムの中でも、かなり肝になる行為なのです。

薬物に問題がある当事者には、起こしてしまった事態を自分の問題として捉えることが何より大事なことといわれ、家族や関係者の謝罪は、残念ながら本人が自分の問題に向き合う際に、間に入り込んでしまう邪魔なものでしかないというのが依存症業界の常識です。それを、誰に聞くでもなく卓球さんはやってのけたのです。

また、瀧さんの逮捕直後に公開が予定されていた、映画「麻雀放浪記２０２０」の白石和彌監督は、「役者と監督としては難しいかもしれないけど、一人の友人として、彼の人生や治療のサポートは、なんでもやりたい」と複数のインタビューの中で、積極的に手を差し伸べることを公言しました。

地の底に落ちた時、この声は何より救いになるし、染みるでしょう。薬物犯罪者であるかもしれませんが、それ以前に瀧さんのことを一人の人間として見ていると痛いほど感じるコメントは、自分のことのように嬉しいものでした。

従来通りの袋叩きがあった上での、擁護だったのかもしれません。でも、たった数年前にはほとんど聞こえなかった声でした。あったとしても、擁護したその声まで叩きに叩かれていました。周りの理解やサポートがある上で、薬物の治療につながるのと、孤独の中で治療につながるのとでは、回復への道がはるかに違うものになります。

薬物は、遠くの世界の話。そう思っている人も多いでしょう。私の家族、同僚、友人たちだってそう思っていました。薬物依存症の家族会でも、自分の家族の薬物使用について知らなかった方がほとんどです。でも、目に見えないだけで確実に近くに存在します。それは、都会でも地方でも変わりません。

私がいうのもなんですが、「薬物に手を出さない」というのは大前提です。その上で、手を出しちゃった先の話を、日本ではあまりにもしてこなかったし、避けてきました。そして、薬物に対するスティグマ（負の烙印）だけが、どんどんはびこり増殖していきました。そんな状況の中で、何十年も必死に薬をやめ続けている自助グループの仲間たちは、本当に苦労したと思います。

私が依存症の人たちと付き合うようになって、２年が経ちます。彼らと一緒に過ごすことで、ようやくうつから解放されました。前と変わらず人と話ができるようになりました。自由に店にも入れるようになりました。電車やバスも乗れるようになりました。自分の失敗で、派手に転んでしまいましたが、ようやくそこから回復し、人生を取り戻すことができたのです。

やめ続けている人の邪魔はしないで

何か恩返しができるのであれば、改めて最後にこう記そうと思います。

薬物依存症は、薬がやめたくてもやめられない、治療が必要な病気です。「薬物報道ガイドライン」は、依存症者に寄りそって丁寧に作られたもの。でも、今の日本の薬物事件に対する報道は、薬物をやめようと必死に頑張っている依存症者への配慮はされているでしょうか。ニュースの資料映像で使う「白い粉」「注射器」「コカインの使い方」は、本当に必要でしょうか。その映像がトリガーになって、再使用につながることも少なくないことは知っていますか？　結果、オーバードーズで死んでしまったとしたら、本当に薬物を使った人だけの責任と言い切れるでしょうか？「薬物をやめさせる」という大義があるというのなら、一番気をつけなければならないのは、依存症者への配慮でしょう。なぜなら、ささいなことがきっかけで、再び薬に走ってしまう可能性が誰より高い病気だからです。せめて、歯を食いしばって薬をやめ続けている人たちの邪魔だけはしないで欲しい。

薬物が違法である以上、何より大事なことは、薬をやめ続けることです。ところが、違法薬物の再犯率は年々上がり、今では6割を超えてしまうほどに増えています。今年、再犯防止を目的に、全国で初めてあの麻薬取締部の中に「再乱用防止対策室」という専門部署が設置されたほど、早急な対策が迫られているのです。この現実を考えると、今までの「ダメ絶対!」教育だけでは不足していることが明らかで、まさに今、変革の時を迎えています。

私が、懲戒解雇の辞令を受け取った時、当時のアナウンス室長に「元気になって、社会に還元できることをやりたい」と宣言しました。どん底の状態で、よくそんなことが言えたものだと、自分のねじれたプライドに心底呆れました。結果、「宣言した言葉を、早く叶えなければ！」というプレッシャーになってはね返り、自身の心が潰れてしまいました。

あれから３年が経ち、私は自分の薬物の問題に向き合い、ようやく人生を取り戻しつつあります。あの時、室長に宣言した「社会に還元できる」ということは何だろうと考えたら、薬物で犯した失敗は、薬物の問題に返していくというのはどうだろうと思うようになりました。

この先、どのような仕事をするにしても、薬物のことはライフワークにしていきたい。せっかく組織から離れ、自由に発言することができるようになったのだから、それだけは大切にしようと思っています。

とはいえ、生活をする上では、仕事も始めなければいけません。アナウンサーという職業は、私の能力的にもう無理でしょう。起業するとしたらどんな会社がいいか？　やっぱり正社員で全然違う仕事を目指してみようか？

こうやって、薬物事件で逮捕された私にも選択肢があると気がつくことができました。堂々と、好きな職を選択すれば良いのです。

でも、あんまり気負うとまた潰れてしまうので、生きていていいと思えることに感謝をしつつ、ぼちぼちやっていこうと思います。

特別対談

国立精神・神経医療研究センター精神保健研究所
薬物依存症センターセンター長

松本俊彦×塚本堅一

薬物依存のレッテルから社会的に回復できる世の中に

薬物使用の過去を汚点ではなく武器にして欲しい

塚本　まず松本先生に伺いたいのは「精神科に行くこと」についてです。「何らかの依存症に苦しんでいる人が、治療のために精神科に行く」という行為は、ハードルが高いものなんでしょうか？

松本　塚本さん自身は抵抗ありませんでしたか？

塚本　私の場合、お世話になった人から松本先生を紹介されたというのもありますが、前職の影響もあってか「取材のような感覚」が強かった気がします。松本先生にお会いするときも、「精神科の先生に取材で会う」という気持ちがありましたし、リハビリプログラムＲＤの施設に入ったときも、潜入取材のような意識がありました。だから、ハードルは低かったと思うのですが、取材気分が抜けないまま松本先生に会ったら、病院での診察のほかにＲＤを勧められましたよね。私に病院と施設の併用を勧めた理由は何だったのでしょうか？

松本　僕は塚本さんを依存症だとは思っていませんでした。ただ、塚本さんの「危険ドラッグの所持・製造で逮捕」という事実は、世間一般からすれば汚点と見なされてしまいますよね。僕はそれを汚点ではなく〝武器〟にして欲しいと思ったんです。そうなると、病院で行っているプログラムは初級編なので、施設での高度なプログラムに触れた方がいいだろうと。施設での経験は、今後、塚本さんが薬物問題について語る上で大きな武器になるのではと思いました。だから、医者として考えたというよりも、おこがましい話ですがプロデューサー的な視点で提案しました。

塚本　「武器にして欲しい」という意図は初耳です。たしかに、私は「薬物犯罪者」という烙印を押されたわけですよね。このスティグマ（負の烙印）を解消するにはどうしたらいいのかと悩む一方で、この本を書き進めるうちに自分のスティグマってやっぱり大きかったんだなってつくづく感じました。

松本　セルフ・スティグマですね。

塚本　そうです。自分自身が犯罪者になったことに加え、それ以前にもともと自分が抱えていたものもスティグマとして表面化してしまったと思うんです。でも、それに目を向けるのって怖いんですよ。もともと自分は客観視できる人間だと思っていましたが、自分のスティグマの底に根付くものに、そこで初めて気がついてしまった。そんななか、東京大学先端科学技術研究センター准教授の熊谷晋一郎先生の記事に「いろんな人に会いなさい。同じような立場の人に会いなさい」と書かれていたのを読んで、なるほど、私が変われた理由はこういうことなのかと、すごく腑に落ちたんです。どんな仕事をするにしても、人間的な成長がなかったらもったいない。「武器になる」という点においても、施設に通った経験はよかったと思います。

松本　世間一般の人は、薬物で捕まった人や薬物依存症の人を「反社会的で、嘘つきで、どうしようもない」と思いがちです。でも、多くの薬物依存者と会ってきた立場としてつくづく思うのは、〝いい人〟がたくさんいるということです。世の中にはいい人も悪い人もいっぱいいるけど、依存症と無縁の一般人とも何ら変わりはない。「クスリが好きなのがたまに瑕《きず》」程度の感覚で、いい人だと感じる人は本当に多いんです。

塚本　実際、私も施設の人たちと会って「普通の人なんだな」と感じる機会も多かったです。一見、我々の生活と変わらないような暮らしをしている人が、依存症からの回復を目指している。この事実は、彼らに会ってみないと気づけないかもしれません。

松本　本当にそう思います。もっと世間の人たちが、彼らの存在に気づいてくれたらいいですよね。塚本さんにお会いしたときも「あ、いい人だな」と感じましたし、「優秀なアナウンサーだったんだろうな」と純粋に感じました。だから、日本の厳しい偏見に晒されるなかで、それを武器にして生き延びて欲しいんですよ。そんな風潮をどうにかして普及できないものかと、かねてから僕や「ギャンブル依存症問題を考える会」の田中紀子さんは考えていました。そういう意味では、塚本さんと会ったときに、モデルケースとして「オイシイ人が来たな」という打算もありましたけどね（笑）。

塚本　そうだったんですね（笑）。

薬物依存者の多くは「人に頼るのがヘタ」

塚本　逮捕後、私の環境は大きく変わりましたが、私自身の性格にも変化があり、「人と話すことに対する恐怖心」が芽生えてしまいました。たとえば今日、電車で新入社員と思わしき若者50人くらいの集団を見掛けたんです。もともと私は気軽に人に話し掛けてしまうタイプで、このときも以前の私だったら、彼らに「どこの会社なの？」「どこに行くの？」などと質問していたでしょう。ところが、逮捕されて以降、人に話し掛けることが怖くなってしまい、話し掛けられませんでした。人と話すことが大好きだった私が、会話を怖れるようになってしまったと気づき、「そりゃうつにもなるよな」と再確認しました。ただ、うつで怖いのは「少し動けるようになった時期」ではないでしょうか。私は施設に行くことが決まった２０１７年の夏頃、先が見えて少し元気になったかな？　という時期に、なぜか「人生を投げ出してしまおうか」とも考えたことがありまして……。

松本　そうだったんですか。もしかしたら、施設に行かせない方がよかったのかな？

塚本　いえいえ、私の場合、松本先生との診察が月に1回あったので、そこで気持ちをぶつけて踏みとどまることができ、むしろ感謝していきます。とはいえ、「うつ症状が和らぎ、先が見えて、体も動けるようになった時期」って怖いなと感じたんです。

松本　たしかに怖いですね。実際、自殺が多いのはうつの症状が一番酷い時期ではなく、少し軽くなってくる時期ですから。うつの重症度がそれほど深刻ではない人であっても、その時期は危険。塚本さんにも、そうした危うい局面があったんですね。

塚本　やはり病院や自助グループなどと繫がることが大事なんだと思います。それまで私は「自分ひとりで解決しなくては」と思い込んでいましたし、これまでの人生でも「人に助けを求めてはいけない」と考えていましたから。しかし、病院と繫がったことで、「人に頼ってもいいいんだ」と思えるようになり、すごく気持ちが楽になりました。

松本　塚本さんもそうだけど、ほかの薬物依存症の人たちもセルフ・スティグマが強くて、〝頼るのがヘタな人〟が多いんです。しんどいときでも自分で解決しなくてはいけないと思い込んでいるから、酒やクスリを使ってその場を乗り切ってきた、という人が多い。だから「頼ってはいけない」という自縛に加え、「刑事法で罰せられた犯罪者」という事実が、ますますそのスティグマを強めてしまう。そんな人たちが精神科を訪れるというのは、実はすごく大変なことなんです。

塚本　自助グループに行ったとき、みんな平然と「しんどい」と口に出していたので、当初、すごく新鮮だったし不思議でした。でも、よくよく考えると「しんどい」と言える場所って、我々の生活ではほとんどないですよね。

松本　うっかり口に出そうものなら説教されちゃいますよね。

塚本　そうなんですよ。会社で「しんどい」なんて言ったら、「いや、もっと頑張れ」と返される可能性もあるし、評価が悪くなるリスクもあります。

松本　安心して愚痴をこぼしたり、泣き言を言えたりすることが許される場所がないですよね。会社の産業医や産業カウンセラーがいる場所だったら大丈夫かと思いきや、勘の鋭い人は「裏で経営陣と繋がっているのでは？」と疑ってしまいます。僕だったら絶対にそう疑うし、相談できませんよ。ましてや「違法薬物をやめられないんです」なんて口が裂けても言えませんよね。

塚本　施設に通っているとき、アルコール依存症で「産業医に勧められて施設に入った」という人がいまして、これは素晴らしいことだと思いました。さらには、「産業医に勧められてアルコール依存症から回復した」といった内容を社内広報で取り上げるケースもあるそうで、感心しました。ただ、さすがに薬物となると難しいですよね。

松本　ＥＡＰ（従業員支援制度）のようなメンタルヘルスは、アルコール依存症の支援から始まったという歴史があります。ようやく日本も常識的になってきたと思いますが、薬物の場合はまだ無理ですね。よく、薬物の問題を抱えている会社員の診断書を出すことがありますが「薬物依存」とは書けません。「うつ状態」などと診断名とは言えない表現で濁すんですが、それを見た産業医が僕の名前をネットで検索して「この先生って薬物依存の専門じゃない?」と突っ込まれることもあるようです。

塚本　薬物依存から抜け出そうと通院していても、その通院歴が健康保険でバレてしまうのでは、と不安になる人もいる。心配を取り除きたいのに、通院そのものが心配の種になってしまうと、治療に繋がるだけでも大変です。

松本　結局、いまの日本ですぐに通院を選択できる人は、残念ながら「あらゆるものを失って望みがなくなった人」くらいなんですよ。だから、もっとクスリの話に限らず、日々の困りごとについて、安心して相談できる場所を提供することが必要だと思います。何かを相談する際、薬物に関わる話題が出てくることも当然ある。でも、ここで薬物のことを隠して相談したらカウンセリングにならないので、すべてを隠さずにオープンに話す場所があれば、明らかに乱用者の進行を食い止めることができると思う。ただ、いまの日本だと難しいかな……。悩ましいですね。

薬物の規制は医学的な根拠で決まらず、政治や感情論で決まってしまう

塚本　薬物依存からの回復をサポートする活動の一環として、松本先生は「薬物報道ガイドライン」の策定にもかかわりましたよね。このガイドラインを設けるきっかけは何だったのでしょうか。

松本　芸能人の薬物報道に対し、以前から僕を含めてモヤモヤしていた人は多かったと思うのですが、きっかけになったのは２０１６年6月です。高知東生さんが覚醒剤と大麻所持の容疑で逮捕された際、高知さんはマトリ（麻薬取締部）の捜査官たちに「来てくださって、ありがとうございます」とお礼を述べました。この件をＴＢＳの情報番組『ビビット』が取り上げたとき、コメンテーターのテリー伊藤さんが、『ありがとうございます』なんて、ふざけたこと言いやがって！　アイツは反省が足りない！」と罵ったんですよ。僕はこれをリアルタイムで見ていて、こみ上げてくる怒りでカーッと胸が熱くなりまして、このままじゃいけないなと。

塚本　わかります。

松本　僕の患者さんたちの多くに逮捕歴がありますが、彼らの多くが逮捕されたときに高知さんと同じようにお礼を言っている。「これで、やっとクスリをやめられる」とホッとするのが真相ですよ。このままじゃいけない、やめなきゃと考えていて、やめる努力をしているけれど、それでもやめられない。でも、逮捕されれば、今度こそやめられるんじゃないか。その瞬間、すごく心が正直になり、思わず口から出てくるのが「ありがとうございます」という言葉なんです。すごく重い感謝の気持ちで、それまでいかに苦しんでいたかを表す言葉です。しかし、件のコメンテーターには、まったく正反対に受け止められてしまったんですね。

塚本　私も家に捜査官が来たとき、妙にスッキリした感覚がありました。自分が使用していた製造キットが怪しいモノだと薄々気づいていたけど、法律に反しているかは分からない。そんななかで、彼らに「怪しいモノはないか」と尋ねられて製造キットを指差したとき、「ああ、やっぱりダメなモノだったんだ」と納得できたと言いますか……。私は依存症ではなかったので感謝とまでは言いませんが、逮捕が薬物をやめられるきっかけになるというのは、よくわかります。

松本　日本の薬物に対する厳しさは悪影響が多いのですが、数少ない良い部分を挙げるとすれば「深刻な状態になる前に、やめるきっかけを与えてくれること」だと思います。事実、アルコールや市販薬の依存症患者に比べ、違法薬物の依存症患者の方がはるかに内臓が元気だし、脳も縮んでいないし、依存の重症度も軽いんです。まあ、それはそうですよね。週末の楽しみとして週1回晩酌する人を誰もとがめませんが、これが薬物だと犯罪となってしまうわけですから。しかし、見方を変えれば、逮捕されることで、依存が進行するかなり手前の段階で支援の場が用意される、と

私も家に捜査官が来たとき、
妙にスッキリした感覚がありました。（塚本）

いうメリットがあるわけです。ただ問題なのは、逮捕後の法的な制裁や社会的な制裁があまりにも厳しすぎること。結果的に、その制裁によって孤立し、再び薬物依存に走るという悪循環を引き起こしてしまう。

塚本　このように薬物依存症の人たちをフォローするような立場で話をしていると、「最初に薬物に手を出したのはオマエだろ」「自業自得だ」といった反論を受けることが非常に多いですよね。たしかにその通りなんですが、とはいえ、病気になってしまったわけで、その病気から回復しようとする人たちすら糾弾し続けるような、行き過ぎた風潮には疑問を感じます。また、「違法薬物の購入は暴力団の資金源になる」という指摘もありますが、資金源にならないようにするならば、それこそ上客になり得る人の更生を支援するべきなのでは？　こうした内容を多くの専門家が語っているのに、なぜか耳を傾ける人が少ない。テレビにしても、あらゆる問題について専門家の話をありがたく聞いているのに、なぜか薬物に関しては自己判断で反論する人が多いように感じます。ほかの国ではどうなんですか？

松本　ヨーロッパでは専門家の話を尊重することが多いですが、イギリスだけは日本的というか妙な厳しさがありますね。イギリスの精神科医であるデビッド・ナットが、さまざまな研究に基づいて「アルコールが社会に対しても個人に対しても、最も有害な薬物である」という論文を発表し、さらに公の場で「エクスタシーを使用するよりも、乗馬の方が統計学的な確率として大きな健康被害を引き起こす可能性がある」と言ったのです。確かにそれは事実ですよね。乗馬には落馬による負傷のリスクがあるわけですから。しかし、そうしたらなんと政府の諮問委員を解任されてしまったのです。要するに、薬物の規制は医学的な根拠で決まっておらず、政治や感情論で決まっているわけです。医師の正直な意見を優先することを嫌がる動きは少なからずありますよね。

塚本　犯罪にかかわっていたり、健康に関わったりする問題だからこそ、ちゃんと医師や専門家の話を聞いて欲しいんですけどね。

松本　そうなったら困る人がいるから、実現しにくいんでしょうね。

塚本　「困る人」とは？

松本　う〜ん……。

塚本　もしかして、公にできない話でしょうか？

松本　まあ、いいか。思い切って言ってしまいますけど、「違法化などの規制を設けることによって、ビジネスが成り立っている人が多く存在する」という話です。いわゆる既得権益というヤツですね。有名な例で言えば、アメリカの禁酒法（1919〜1933年）です。当時、酒を密造するギャングを取り締まるため、アルコール捜査官を3万5000人雇ったのですが、禁酒法が廃止されると、この雇用が失われてしまう。そこで、雇用を維持するために新たな規制が必要となり、そのターゲットとして選ばれたのが大麻だったんです。しかも、英語圏で大麻は「ヘンプ（ｈｅｍｐ）」ですが、わざわざ規制時にはスペイン語の「マリファナ（ｍａｒｉｊｕａｎａ）」と呼称して広めました。これは、当時のアメリカにおいて、白人たちのメキシコ人に対する嫌悪感を利用したものでした（編集部註：メキシコの公用語はスペイン語）。現在の日本においても、取り締まりや刑事施設の人たちは、何かしらを違法化することによって自分たちの立場や予算を獲得しているわけです。

塚本　なるほど。とはいえ、マトリをなくすなんてわけにもいきませんよね……。

松本　行政会議で「マトリをなくそう」という話はよく出ますけどね。「警察でいいじゃないか」と。

塚本　そうだったんですね。そう言えばマトリに再乱用防止対策室ができますよね。これは薬物依存者の回復支援部署ですが、マトリもただ逮捕するのではなく、変化していると考えられるのでしょうか。

松本　捜査官のなかにも、何度も同じ人を捕まえるうちに「これでいいのか」と疑問を感じる人もいるようです。実は２０１３年頃から、彼らもワークグループを使って社会復帰をサポートするような動きが見られますが、あくまでも捜査官個別の活動なので、サポートに限界がある。それに、彼らは本人から「麻薬をやりました」と言われたら逮捕しなくてはいけないんですよ。それなのに、逮捕せずに更生プログラムを案内するなんて矛盾しているだろうという意見も多い。そこで、逮捕権を持たない外部の嘱託職員を使い、逮捕に至る前のタイムラグを意図的に発生させて、回復を目指せる仕組みをつくろうと頑張っています。ただし、こうした考えはマトリのなかでは少数派で、旧来の「取り締まってナンボ」という捜査官がほとんどというのが現状です。

塚本　逮捕するのが法的正義なのであれば、薬物常用者の回復を助ける社会的正義があってもいいですよね。今後、バランスがとれることに期待してしまいます。

松本　捜査官の6～7割は薬剤師ですから、医療者としての視点も忘れないで欲しいですよね。

規制を厳しくした結果、より危険な薬物に手を出す人が増えた

塚本　ピエール瀧さんの逮捕をはじめ、元ジャニーズの田口淳之介さん、小嶺麗奈さんなど現在も有名人の薬物事件は続いているし、今後も起きると思います。こうした事件を報じる上で、メディアが気をつけるべき点とは何か？「薬物報道ガイドライン」を発表した立場として、松本先生はどのようにお考えで

すか？

松本　「薬物報道ガイドライン」を発表したあと、残念なことに各局の事件の取り上げ方が地味になってしまったんですよ。

塚本　報道が抑えめになったのならば、それは良いことなのでは？

松本　有り体に言うと、「薬物事件を取り上げると、うるさいやつらがゴチャゴチャ言ってくるから、控えめにしようぜ」という雰囲気がメディア業界に漂ってしまったんです。以前だったら、事件を大々的に報じて、盛り上げてから薬物使用者を叩くような報じ方だったのですが、ガイドラインができてからというもの、薬物事件の報道そのものを小さく扱うようになってしまった。もちろん、当時は逮捕者の知名度がそれほど高くもなかったというのもありますし、ピエール瀧さんや田口さんの逮捕によって再び報道が過熱していますが、我々が訴えたかった意図が一切伝わらなかったんですよ。僕たちは「報道しないでくれ」と言っているんじゃない。報じるなら正しく報じて、依存症に苦しむ人への配慮や助けになるような情報も伝えて欲しいだけなんですよ。あと、もうひとつ残念だったのは、薬物問題に関しては〝警察や病院以外にも複数の相談窓口があること〟をまったく報じてくれなかったことです。誰にも相談できずに秘密にしていた人たちが、これを機会に相談に行ってみようと思えるような啓発をして欲しい。もともと報道にいた塚本さんの前で言うのもおこがましいけど、メディアの役割って、そういうことなんじゃないのかな。悩んでいる人を一人でも多く救うという行為は、報道やメディアでなければできない部分もある。だから、薬物事件を報じる機会に、ぜひ生かして欲しいんです。

塚本　たしかに、薬物報道に関してはメディアも視聴者も思考停止している気がしますね。感情にまかせて、とりあえず叩いておけばいい、といった風潮が根付いてしまっている。ただ、その点では私の前の職場は救いがありました。良心に基づいた番組作りが多いテレビ局だったので……。

松本　そうですよね。塚本さん、民放局の人じゃなくてよかったですね（笑）。

塚本　否定も肯定もしづらいです（苦笑）。そう言えば、私が逮捕されたときのニュースはご覧になってましたか？

松本　「ＮＨＫのアナウンサーが危険ドラッグで逮捕された」というニュースは憶えているけど、あまり印象に残ってないんですよね……。塚本さんの顔って出てました？

塚本　出てましたよ。ただ、幸か不幸か東京に移って1年も経っていない時期だったので、ほとんど私の顔が売れていなかったんです。だから、各メディアは局のホームページに掲載されている私のプロフィル画像を入手し、その画像を流していただけのようでした。

松本　僕はそれを見ていなかったから、診察で会ったときに初めて「ああ、塚本さんってこういう顔の人なんだ」という感じでした。たしか当時って、危険ドラッグの規制強化の真っ只中でしたっけ?

塚本　収束に向かっていた時期です。規制を厳しくしたあとの、いたちごっこの途中だったと思います。

松本　僕は危険ドラッグの逮捕にはあまり関心がなかったというか、むしろ危険ドラッグの規制強化をやめて欲しいと思っていたんです。なぜなら、規制すればするほどヤバイ薬物が登場して、患者がどんどんおかしくなっていったからです。これは完全に〝失策〟だと思いました。それに、厳しく規制した結果、大したことない薬物の使用ですら逮捕されるようになってしまった。塚本さんもそんな犠牲者の一人という認識でした。極端な言い方になりますが、「別にラッシュくらいいいじゃん」という気持ちもあります。法廷戦略の一環なのか、保釈中に依存症外来を訪れる人も多くなりましたが、ラッシュの場合、正直、依存症でもなんでもない、単なる愛好家みたいな人ばかり来るんですよ。この薬物を規制するくらいならば、もっとするべきことがあるんじゃないかって思うんです。

塚本　メディアも薬物をよく知らずに報道するので、私の逮捕時にはイメージ画像でラッシュとは無関係の「注射器」の映像が流されたそうです。

松本　マトリなのか警察なのかはわからないけど、とにかく日本は第二次世界大戦から数十年のあいだで、薬物にネガティブなイメージを植え付けることに見事成功したといえるでしょう。僕からすると苦々しい話ですが、仕掛けた人たちからすれば大成功。〝たかが薬物〟に、これほど極悪なイメージを植え付けたんですから。昭和56年の「深川通り魔殺人事件」にしても、薬物中毒者の犯行として大きく報じられたけど、僕自身は犯行の直接的な原因は薬物ではないと思っている。ただ、いずれにしても、そうした印象操作を繰り返してきた末の現在なんです。危険ドラッグの規制や印象操作にしても同様で、本当に迷惑だし失策だと思う。事実、それまで10代が一番多く使用していたのは危険ドラッグでしたが、規制強化後に別のものに手を出すようになってしまいましたからね。さて、この「別のもの」とは何だと思いますか？

塚本　大麻や覚醒剤でしょうか……？

松本　多くの人はそう答えるんですけど、実は正解は〝市販薬〟なんです。

塚本　なるほど、そちら側に走ってしまったんですね……。

松本　その通りです。危険ドラッグの規制強化後、10代の若者たちは市販の咳止め薬や風邪薬を乱用するようになってしまった。実は市販薬には、コデインというモルヒネやヘロインと同様の麻薬成分や、メチルエフェドリンという、覚せい剤の原材料エフェドリンと類似した成分が含まれていて、いうなれば、「ダウナー系」と「アッパー系」の両方の依存性物質が入っていて、乱用すれば依存の危険性はけっこう高い。しかも簡単に入手できるわけです。じゃあ、今度は市販薬を規制しますかって、いまさらできるわけないですよね。そもそも〝人間とは薬を使う動物〟なんですよ。さまざまな動物がいるなか、わざわざ天然の植物から有効成分を抽出したり、精製したり、人工的に合成したりして、病気の治療に役立てる唯一無二の動物です。もちろん、さまざまな薬をつくる過程で多くの悲劇を生んできたのも事実だし、メンタル系の治療薬をつくろうとして頓挫したものが、製薬会社のラボから持ち出されて危険ドラッグとして悪用された……というケースもあります。でも、その分だけ多くの病気を治療し、命を救い、人類は寿命を延ばして地球上で繁殖してきたわけですよ。そう考えると、薬物依存症の予防策として、薬物の過剰規制が果たして現実的な対策といえるのでしょうか？　現場の人間として言わせてもらいますが、薬物依存症の患者さんの多くは、薬物を使う以前から何か困った問題を抱えているんです。友達がいない、お金がない、寂しいなど、人によって事情はさまざまですが、薬物に手を出す前から助けを必要としていた人たちばかりです。ならば、その視点から対策を講じていく必要があると思うんです。

塚本　たしかに、危険ドラッグが規制されたことで〝その先〟に進んでしまった人は少なくありません。規制の結果、覚醒剤に進んで

そもそも
〝人間とは薬を使う動物〟
なんですよ。（松本）

しまった人が増えたと考えると、安易に「自業自得だ」と一蹴していいものかと思う部分もあります。結局、覚醒剤の依存症になってしまったら、何年も施設で過ごすわけじゃないですか。過剰な規制がなければ、社会復帰のために遠回りすることもなかったかもしれないんですよね……。

これからの時代に求められるのは「他人事にしない社会」

松本　規制強化前の危険ドラッグブームの時代に、たくさんの患者が来ましたが、彼らの多くに共通していたのは「初めて使用してから診察に訪れるまでの期間が短い」ということです。大抵、半年程度の使用期間で診察に訪れ、早い人は1ヵ月や2ヵ月という人もいる。一方、覚醒剤の依存症患者はどうかというと、初診の時点で使用歴10年とか20年以上の人が多いんです。両者の違いは何かというと〝逮捕される心配があるか否か〟です。覚醒剤の使用者は「病院に行ったら通報されてしまうのでは」と不安に感じ、依存症から脱したくても病院を訪れることを躊躇ってしまう。でも、当時の危険ドラッグ使用者は、逮捕の心配がなかったため、この躊躇いがなかったわけです。もちろん、短期間でおかしくなってしまったから病院に来たという人もいますが、捕まらないという安心感が非常に大きかった。通院中、仕事を失っていないし、家族も失っていないし、戻る場所もある。結果的に回復も早いんですよ。

塚本　逮捕されないというだけで、病院や相談できる場所と繋がるための障壁がグッと下がるんですね。

松本　薬物依存から回復するために繋がりは欠かせない要素ですが、果たして、その繋がりを奪っているものは何かという話ですよね。なぜ、薬物依存者が地域で繋がりを失っているのかを考えなくてはいけません。

塚本　幸運なことに、私は依存には至りませんでしたが、「もういいや。クスリを使い続けてしまおうか」と思った時期がありました。それは、仕事を失ってどうにもならなくなった時期です。同様に感じている人は多いのではないでしょうか。戻る場所を失って「もういいや」と自棄になり、再びクスリに手を出して逮捕されてしまうという悪循環に陥る……。

松本　それなんですよね。逮捕されると、刑務所に入った期間だけ履歴書に空白の部分が生じ、次の仕事が見つかりにくくなってしまう。あとは、犯罪者というレッテルを貼られることで、親族や友人など多くの人が去ってしまい、孤立しやすいのも問題です。誰かと話したくても相手がいなくて、相手をしてくれたのはクスリの売人だけだったという人もいます。売人だけが話を聞いてくれるから、寂しくて電話したり会って話したりして、それだけだと申し訳ないからと、結局またクスりを買っちゃうわけです（苦笑）。こうした状況を防ぐため、社会が何をしたらいいのかを考える必要があります。

塚本　私のような「当事者が積極的に話す」というのも大事ですよね。

松本　当事者が話すことは本当に大事です。では、誰にその話を聞かせたらいいかというと、もちろん全国民に聞いてもらいたいのですが、さし当たって緊急に聞かせるべきは医療者です。実は、医療者が依存症のことを全然分かっていないんですよ。先日、ある私の患者さんが覚醒剤の乱用で救命救急センターに駆け込んだとき、うちに通院していることを説明したため、センターから僕に問い合わせがありました。そこで、僕も正直に「彼は回復するために頑張っている最中だから、これをきっかけに本格的な治療に入れると思う」といった内容の紹介状を送ったんですね。ところが、それを知ったセンターの人が、警察に通報してしまった。僕は治療のために紹介状を書いたのに、それが逮捕に繋がってしまったんです。医者の守秘義務は刑法で定められているにもかかわらずですよ？　もしかしたら、通報した医師も善意だったのかもしれない。依存症は刑務所に入らないと治らないと思っているのかもしれない。ただ、その認識が間違っていると僕は言いたいんです。薬物依存者の再犯率がなぜ高いのか？　刑務所では治らないからじゃないですか。やはり、もっと回復した当事者の声を医療者に聞かせないといけないんですよ。

塚本　少し勉強するだけで、意識は変わっていくはずですよね。私は熊谷先生の車椅子体験の話が印象に残っていて、それは「たった一時間車椅子に乗ったからといって、40年間車椅子で生きてきた人のことなんてわかるわけがない。車椅子体験はただの〝扉絵〟に過ぎず、やはり分厚い本を読まないと理解できない。スティグマも消えるものではない」といった内容です。薬物問題においても同様で、体験者の声を聞いたり、薬物の正しい情報を勉強したりといった積み重ねで変わってくると思います。ここ2年間で私は「分厚い本を読んだ」とまでは言えませんが「ライトノベルを読んだ」程度には積み重ねられたと思っています。施設にも通って現場の人たちと接してきたし、自分自身の視点や感覚も変化しました。だから、世間の意識を変えることも、実はそれほど難しい話ではないと思うんですよ。

松本　塚本さんは、熱心に施設に通っていましたよね。自分が勧めておきながら、本当にすごいと感心していました。だからこそ、塚本さんには何でも話す権利があると思う。

塚本　松本先生は「武器にして欲しい」と仰いましたよね。まだ自分で武器になっているという実感はありませんが、自信になっているのは確かです。

松本　塚本さんの発言には、熱心なジャーナリストでも敵わない説得力があるわけですからね。

塚本　今後、自分がどんな仕事をするにしても、薬物問題に対する活動はライフワークにしたいと思っています。いま、薬物とは無縁だったとしても、薬物を自分の問題だと思うことは本当に大事。いつ、誰が薬物にかかわるかなんて、ほとんどの人には想像できませんからね。それこそ、私の家族や友人も「まさかアイツが薬物で逮捕されるなんて」という反応だったわけですし。だから、知らないだけで薬物と繋がっている可能性は誰にでもある。そう考えると、文字通り他人事じゃないんだと思います。

松本　自助グループのなかでよく言われるのは、最初は「俺はアイツとは違う」という〝違うところ探し〟から始まるが、熱心に通ううちに〝共通点探し〟に変化するということです。通うなかで聞く耳を持つようになり、相手の話から自分の姿を発見し、「なんだ、俺と一緒じゃん」と思えるようになる。これは、人が教養人になるプロセスと同じだと思うんです。ここでいう教養人とは、学歴や勉強ではなく「心が開かれている人」という意味です。違うところを探すのではなく、同じところを探して理解しようとする姿勢は、まさに教養人といえます。薬物に限らず、不祥事がメディアで取り上げられると大きなバッシングが起こりますが、これは他人事だから起きてしまう。自分の身内や親友や恋人が不祥事を起こしたら、同じようにバッシングできるかといえば、無理じゃないですか。だから、いまの時代に求められているのは〝決して他人事にしない社会〟なんです。それが先進国だと思うし、教養人、誇り高き国民の在り方だと思います。

塚本　私も施設や自助グループに行ったとき、最初はどこか他人事で〝違うところ探し〟をしていました。でも、「あなたもクスリで大変な目に遭ったんだよね」と言われたときに目が覚め、「そうか、自分のことなんだよな」と改めて思うことができ、共感の意識を持てるようになりました。最初から共感の姿勢を持てなかったところに自分の人間的な未熟さを感じましたが、そこからひとつ成長できたんじゃないかなと思っています。

松本　全然未熟じゃないですよ。僕だって、依存症の専門病院に最初に配属になったときは偏見がありましたからね。でも、変わっていく患者さんを直に見て、自分も変わらざるを得なかった。ただ、そのときは自分のなかで信じていたものが崩れるような感覚があって、ある種の痛みを伴いました。

塚本　自分の嫌な部分と向き合うのは辛いですよね。本書を執筆する前は、漠然と「セルフ・スティグマなんだ」という結論にしたいと思っていました。ところが、いざ文字にして綴っていくと、改めて「自分はこんなことを考えていたのか！」という部分が湧き出てくるし、とても恥ずかしかったです。でも、恥ずかしい部分もさらけ出せたら楽というか、開き直りと言ったら語弊があるかもしれませんが。

松本　セルフ・スティグマって、自発的に生まれたものではなくて、社会からいろいろかき集めて自分で作り上げてしまっているものなんですよね。

塚本　そういう意味では、教育も変えていく必要がありますか？　私のスティグマも「ダメ絶対！」という教育の賜物だし……いや、賜物という表現は間違っていますね。

松本　ゾンビみたいな薬物依存者をポスターに描くと、県知事賞をもらえるような社会ですからね（笑）。そうした教育の〝負の賜物〟といってもいいいんじゃないですか？

塚本　そうかもしれません（笑）。ただ、これからは社会の「ダメ絶対！」の意識を変えていかなくてはいけない。そういう意味で、私の新しい活動として、ＡＳＫ認定の依存症予防教育アドバイザーを務めさせていただけるのは、本当にありがたいことです。「ダメ絶対！」の意識よりも、他人事にしない意識の人が多くなっていけばいいなと思います。

松本俊彦　1967年神奈川県生まれ。佐賀医科大学卒業後、国立横浜病院精神科、神奈川県立精神医療センター、横浜市立大学医学部附属病院などを経て、現在、国立精神・神経医療研究センター精神保健研究所　薬物依存症センターセンター長を務める。薬物依存症治療の第一人者として、これまでに多数の芸能人の治療を手助けしており、先日はピエール瀧さんの主治医であることも発表された。著書に『薬物依存症』（ちくま新書）、『自分を傷つけてしまう人のためのレスキューガイド』（法研）など。

刑事訴訟法
自殺予防臨床マニュアル
PTSD 物質乱用治療マニュアル
心への侵入
自殺する子どもたち
いびつな絆
魂の殺人
非行少年の加害と被害

あとがき

この本を書き進める間にわかったことがありました。それは、私がつくづく偏見にまみれた人間だったということです。

薬物事件を犯した私は、まともに仕事なんかしてはいけない。人と話してはいけない。物事を楽しむべき人間なんかじゃない。と、薬物事件を犯した自分自身に偏見の烙印を押し付けたのです。これは、裏を返すと私自身がどこかで元々抱いていた薬物事件を犯した人への偏見だったのかもしれません。恐ろしいのは、これまでの私はむしろ偏見など持たない人間だと思って人生を過ごしてきたことです。

私は自分と同じように薬で失敗した経験のある依存症の人たちと、施設や自助グループで生活を共にし、名前と顔の一致する一人の人間として身近に感じることができるようになりました。考え方が変わったことで、偏見が解けていったのでしょう。時間はかかりましたが、ようやく私自身も楽になることができたのです。

イギリスのジャーナリスト、ジョハン・ハリは、「アディクション（依存症）の反対は、コネクション（繋がり）だ」と説きます。実の家族が薬物依存症になった彼は、世界中の依存症治療の現場を取材した上で、現在の薬物依存症の治療について、厳罰化ではなく社会への繋がりを作ることが回復への道だというのです。

私は、薬物事件であれだけの騒ぎを起こしておきながら、どこかでまた使うんじゃないかという不安がありました。マトリのE捜査官とも固く約束をしたし、心底懲りたと思っていました。でも、薬物事件を起こした後、人との繋がりがどんどん少なくなり、目的もなく孤独になった時、もうどうにでもなれという気持ちから、薬物が欲しくなりました。もちろん、使ってはいません。でも、アディクションの反対はコネクションという言葉の意味は、私には苦しいほどわかります。

最初の頃、施設や自助グループの仲間意識みたいなものが、鬱陶《うっとう》しいとも思っていましたが、また人とコネクションを持つことを期待して、主治医の松本先生は送り込んでくれたのかもしれません。

どうにかなってしまう手前で、ギャンブル依存症問題を考える会の田中紀子さんに繋がったのは、本当に運が良かった。確かに運も良かったのかもしれませんが、最後の最後で

「人を頼っていい」ことに気がついた自分自身も褒めてあげたいと思います。自分を褒めるなんて……。まだ、苦手な行為ではありますが、そういうことができなかったのも私の問題の一つです。

本を書くと決めてからも、なかなか気持ちが前向きになれず筆が全く進まない時がありました。自分の中では、回復施設に通うことで完結したことだし、自分のペースで迷惑をかけた人たちに埋め合わせをすればいい。あえて世間に晒す意味がわかりませんでした。そんな私を、本書の版元は半年近く放っておいてくれたのです。

実は、その間に私の捜査を担当してくれたマトリのEさんに事件以来、初めて会ってきました。ジンギスカンを食べながら、この本に書いてあるような近況報告をし、旧交(?)を温めたのですが、その中で捜査機関であるマトリが、逮捕した人たちを病院や依存症の回復施設に繋げる意味はあるのか？　という話が出てきました。

逮捕されたタイミングや刑務所を出たあと、病院や回復施設などの薬物依存の専門機関に繋がることができるのは、ごく一部だと言われています。そこに繋がることができた人たちは、いわばエリートといえるほど、専門治療施設に繋がる人が少ないのが現状です。

「100人のうち一人でも繋がる可能性があるのなら、ぜひ続けて欲しい」と即答しました。私の体験を通じて、回復施設や自助グループのことを知らせる意味はあるのかもしれない。ようやく重い腰が上がります。

この本には、もう一つ大事な繋がりがありました。新宿2丁目で開いたラッシュのトークイベントの終了後、NHKの元ディレクターOBだという男性から声をかけられました。その人は、偶然イベントのチラシを見て足を運んでくれたそうです。そして「アナウンサーとディレクターで職種は違うけど、道を突然断たれるのは、さぞ辛かったろう……。事件当時、何も助けてあげられなくて申し訳ない」と涙ながらに話してくれます。初対面だし、こちらの方が恐縮してしまったのですが、気持ちは嬉しいものでした。

その彼から紹介してもらったのが、新宿二丁目にあるブックカフェ「オカマルト」です。ゲイ雑誌として一斉を風靡した「バディ」の元編集長の小倉東さんが店主を務め、居心地がよく、何度か通ううちに小倉さんともボチボチ話をするようになりました。本が書けない辛さを訴えると「まずは、終わりから書きなさい！　結論が決まると、何とかなるもんよ」と発破をかけてくれます。

今回、カミングアウトをする怖さがなかったかというと、嘘になります。ものすごく怖かった。でも、避けて書くことはできませんでした。本の表紙に、昔からファンだった山田参助さんのイラストだと、なんだか腹がくくれる気がする。すっかり厚かましくなった私は、小倉さん経由で参助さんにお願いをしました。

この本を書き終える今でも、ＮＨＫのアナウンサーとして、夢だった仕事を続けている人生を想います。古典芸能の番組もやりたかった。のど自慢だってやりたかった。プレイヤーだけでなく、アナウンサーの後輩も育てたかった。でもその道は自分の失敗で断たれてしまいました。色々なものを手放して、少しは楽に生きられるようになったけど、果たして私の人生はこれで良かったのか。一生この問いに向き合い続けることになるでしょう。これからの人生を歩いていく中で、様々な試練にぶつかった時。そんな時は、薬物に頼らずに他人に頼る。これを覚えただけで、何とか人生を切り開いていけそうな気がします。

アディクションの反対は、コネクション。

繋がりに感謝して。

塚本堅一（つかもと・けんいち）

元NHKアナウンサー。明治大学卒業後、2003年にNHKに入局。京都や金沢、沖縄勤務を経て2015年に東京アナウンス室に配属。月曜～金曜の夕方5時の帯番組『ニュース シブ5時』のリポーターを担当し、夕方5時台の顔になる。2016年1月に液体状の危険ドラッグ「ラッシュ」の所持・製造で逮捕され、翌2月にNHKを懲戒免職となった。釈放後はうつ病になり、国立精神・神経医療研究センターの松本俊彦医師の勧めで、依存症からの回復施設「RDデイケアセンター」に通所。現在は自助グループに参加しつつ、依存症予防教育アドバイザーとして、依存症関連イベントにて司会や講演活動を行っている。

僕《ぼく》が違法薬物《いほうやくぶつ》で逮捕《たいほ》され
NHKをクビになった話《はなし》

2019年9月5日　初版第1刷発行

著　者　塚本堅一《つかもとけんいち》
発行者　小川真輔
発行所　KKベストセラーズ
〒171-0021
東京都豊島区西池袋5-26-19 陸王西池袋ビル4階
電話　03-5926-5322（営業）03-5926-6262（編集）

カバーイラスト　山田参助
装幀・本文デザイン　セキネシンイチ制作室
対談原稿　松本晋平
対談写真　永井浩

印刷所　錦明印刷
製本所　ナショナル製本
DTP　オノ・エーワン

ISBN978-4-584-13937-0　C0036